O RELACIONAMENTO PERFEITO NÃO É UM SONHO

ONZE PASSOS PARA A DESCOBERTA DO AMOR INCONDICIONAL

Alix e Ronald Gavran

O RELACIONAMENTO PERFEITO NÃO É UM SONHO

ONZE PASSOS PARA A DESCOBERTA DO
AMOR INCONDICIONAL

Tradução
MARIA STELA GONÇALVES

EDITORA CULTRIX
São Paulo

Título do original:
Your Dream Relationship

Copyright © 1993 Alix e Ronald Gavran.

Todos os direitos reservados. Nenhuma parte deste livro pode ser reproduzida ou usada de qualquer forma ou por qualquer meio, eletrônico ou mecânico, inclusive fotocópias, gravações ou sistema de armazenamento em banco de dados, sem permissão por escrito, exceto nos casos de trechos curtos citados em resenhas críticas ou artigos de revistas.

O primeiro número à esquerda indica a edição, ou reedição, desta obra. A primeira dezena à direita indica o ano em que esta edição, ou reedição, foi publicada.

Edição	Ano
1-2-3-4-5-6-7-8-9-10	01-02-03-04-05-06

Direitos de tradução para o Brasil
adquiridos com exclusividade pela
EDITORA PENSAMENTO-CULTRIX LTDA.
Rua Dr. Mário Vicente, 368 – 04270-000 – São Paulo, SP
Fone: 272-1399 – Fax: 272-4770
E-mail: pensamento@cultrix.com.br
http://www.pensamento-cultrix.com.br
que se reserva a propriedade literária desta tradução.

Impresso em nossas oficinas gráficas.

*Dedicamos este livro a todos os homens
e mulheres do nosso planeta Terra.*

*Que o seu coração se abra
à verdade que existe dentro de você.*

*Que o seu Relacionamento Perfeito
se realize
em amor incondicional.*

Sumário

Agradecimentos 8
Uma Palavra ao Leitor 9
Introdução 11

Onze Passos para o
Seu Relacionamento Perfeito

Passo 1 Exercício Físico 19
Passo 2 Dieta 26
Passo 3 Livrar-se das Drogas, do Álcool e do Fumo 32
Passo 4 Celibato (Temporariamente!) 39
Passo 5 Aquietar a Mente 50
Passo 6 Abrir o Coração 56
Passo 7 Ver a Si Mesmo 65
Passo 8 Criar o Parceiro Perfeito 78
Passo 9 Aceitar as Mudanças 82
Passo 10 Abrir as Fronteiras 94
Passo 11 Seguir o Seu Fluxo 116

Mensagem Final 121

Agradecimentos

Nosso reconhecimento, respeito e devoção ao
Divino que a tudo permeia.

Nossa profunda gratidão aos nossos pais:
Evelyn e John S. Gavran e
Jeanny e Jean-Pierre Mores (em espírito desde dezembro de 1985)
por seu amor e compreensão e por nos indicar
um caminho de retidão.

Nossos sinceros agradecimentos a Chris Griscom, por seu maravilhoso trabalho que nos levou ao Novo México e por facilitar a união dos nossos espíritos em nossa cerimônia de casamento.

Nosso mais profundo apreço a Lea Sanders por sua sabedoria orientadora, estímulo inspirador e afetuosa amizade.

Nossa mais sincera gratidão a Cora Belle Ogilvie por exemplificar para nós o amor incondicional, a partilha espiritual e o serviço altruísta.

Nossos sinceros agradecimentos a cada uma das pessoas com quem entramos em contato nesta vida e por terem partilhado as nossas lições de vida.

Nosso sincero apreço e gratidão a Paul Clemens por suas habilidades e apoio estimulante e a Corinn Codye por seu valioso esforço para a edição deste livro.

Uma Palavra ao Leitor

Nós dois já passamos por relacionamentos frustrantes. Alguns foram curtos ou dolorosos, outros cheios de lutas e incompreensões, e todos acabaram por se romper. Depois desses relacionamentos fracassados, também passamos, sem conhecer um ao outro, pelos onze passos que partilhamos com você neste livro.

Esses onze passos nos prepararam num nível interior sobremodo profundo para nos unir num relacionamento de amor incondicional. Nosso encontro pareceu fácil porque estávamos prontos para ele. O processo de onze passos em si foi iniciado por um impulso íntimo no sentido de sermos fiéis ao nosso eu interior e de alterar tudo na nossa vida, de maneira gradual, para melhor. Apaixonamo-nos pelo processo – que prodigiosa sensação tivemos ao longo das nossas descobertas e transformações! –, sem nos preocupar com resultados. Não sabíamos para onde estávamos indo nem quando chegaríamos. Agora sabemos que o processo estava se aprimorando e nos pondo em sintonia para viver um relacionamento perfeito.

O resultado do nosso processo de onze passos foi muito mais positivo do que poderíamos imaginar. Familiarizamo-nos com o nosso eu interior, com a nossa essência, esse fluxo de energia cheio de recursos, imensurável, que se forma peculiarmente em cada um de nós. Ele provém de uma fonte de amor, de paz, de retidão, de verdade, de aceitação e de conhecimento incondicionais que foi concedida a cada um de nós. O eu interior é tudo o que verdadeiramente somos. Temos experimentado um sentimento de profunda confiança no nosso eu interior que nos traz uma imensa felicidade e paz. Nosso relacionamento perfeito fez aflorar e definiu com nitidez o trabalho e o propósito da nossa vida – servir ao próximo e ajudá-lo a se ajudar.

Quando nos unimos, despertou em nós a consciência de que criaríamos "uma coisa nova". Pouco depois de nos casarmos, um dos nossos mestres disse: "Vocês têm um relacionamento que precisa ser partilhado com o mundo." Ele viu o nosso relacionamento perfeito, o nosso amor incondicional, e o reconheceu.

Chegou o momento, no âmbito do fluxo universal, de partilhar essa "coisa nova" que criamos e o modo como nos preparamos para tornar o nosso relacionamento perfeito uma realidade de todos os dias. Cremos sinceramente que você também pode fazê-lo! *A escolha é sua* e vai exigir o *seu compromisso*.

Queremos ressaltar que você vai criar O SEU relacionamento perfeito, e não uma cópia do nosso. Cada um de nós cria a sua própria realidade. O processo de onze passos é um instrumento para essa criação. Ele funcionou perfeitamente para nós – e pode funcionar para você! Não se esqueça de que ele se aplica a todos os tipos de relacionamento.

Cada um de nós é um ser divino, um poderoso criador que orquestra a nossa passagem pelo processo de onze passos à nossa própria maneira e de acordo com o nosso próprio ritmo. Essa jornada interior é exclusiva de cada pessoa e é acompanhada de muitas descobertas e transformações individuais.

Desejamos a todos vocês, do fundo do coração, todas as recompensas nessa jornada de descoberta do seu eu interior e da criação do SEU relacionamento perfeito.

Com Amor e Paz,
Alix e Ronald Gavran

*Um relacionamento "perfeito" não é
um playground de imagens, não é
um campo de batalha nem uma rotina – é uma bênção.*

Introdução

Antes de tratar do relacionamento perfeito, examinemos o relacionamento em si. Um relacionamento é uma decisão e um compromisso consciente de duas pessoas no sentido de se manterem unidas ao longo das experiências da vida. Às vezes nós nos envolvemos num relacionamento como se fosse por amor, quando na verdade estamos mascarando a nossa insegurança, ou o medo de ficar sozinhos, ou a sensação de que nos falta alguma coisa. Procuramos a outra pessoa para conseguir o que nos falta pois, com freqüência, não nos vemos como pessoas completas. Mas é importante saber que cada um de nós é completo dentro de si mesmo. Num nível muito mais profundo, um relacionamento é também uma tentativa inconsciente de dar um passo em direção a uma lembrança que trazemos em nós e que remonta a éons de tempo – a unicidade. Trata-se de uma tentativa bastante natural de vivenciar essa lembrança com outro ser humano.

Contudo, em muitos relacionamentos, as imagens e os traços de personalidade entram em choque, as expectativas não se realizam, os sentimentos são feridos, a co-dependência se instala, o amor é condicionado, fazem-se concessões, surgem o ciúme, o sentimento de posse e o desejo de controlar etc. etc. A tentativa inconsciente de dar um passo em direção à unicidade termina num *playground* de imagens, um terreno onde os velhos padrões se repetem muitíssimas vezes, onde se pagam e se criam novas dívidas kármicas – uma rotina sem fim. E não há nada de errado nisso – não é uma coisa ruim nem boa, é uma maneira de aprendermos nossas lições ao longo da nossa jornada. Aprender nossas lições não implica necessariamente permanecer para sempre na rotina, mas sim aprendê-las e seguir em frente.

Assim, abandonemos essa rotina e preparemo-nos para um salto quântico, porque queremos dar um passo além – rumo a um relacionamento perfeito. Um relacionamento "perfeito" é um *passo consciente* em direção à unicidade, ao contrário de um simples relacionamento, que é a *tentativa inconsciente* de dar esse passo. *É a união de dois seres numa dança que flui livremente; é a aceitação mútua; é dar ao outro a permissão para ser quem ele é interiormente, criando de modo consciente uma "terceira entidade", chamada "relacionamento", na qual suas essências se fundem e se tornam uma só e onde reside o amor incondicional.* O relacionamento "perfeito" existe num nível essencial e está muito além e acima da personalidade "física" dos dois seres envolvidos.

Aprendemos que é muito importante criar o relacionamento como uma "terceira entidade", que não é nem nós nem o nosso parceiro, mas que não difere deles. É a fusão das nossas essências em uma única. Também podemos considerá-lo do ponto de vista da criação: sempre que dois seres se unem, um terceiro é criado!

Com base na nossa própria experiência, podemos garantir-lhe que esse tipo de relacionamento já não é um *playground* de imagens, já não é um campo de batalha, nem uma rotina – é uma bênção! Deixe-nos mostrar-lhe por quê.

Num relacionamento "rotineiro", assumimos a posição de adversários, como num *playground* ou campo de batalha, e tentamos resolver, por bem ou por mal, nossos problemas de personalidade. Culpamo-nos mutuamente pelo que fazemos um ao outro, sem perceber que somos apenas o espelho um do outro. Em outras palavras, quando alguém nos desafia física, mental ou emocionalmente, nossas reações revelam o que está dentro de nós. Quando estamos com raiva, expressamos raiva. Quando sentimos amor, expressamos amor. A outra pessoa não nos deixa irritados. Tudo o que ela faz é espelhar a nossa raiva, tornar-nos conscientes dela. Envolvidos no constante processo de refletir um ao outro, nunca chegamos ao verdadeiro centro do relacionamento, porque nunca o criamos. Ele se torna um jogo puramente físico, alheio àquilo que realmente somos.

Por outro lado, um relacionamento perfeito é como um triângulo em que nós e o nosso parceiro ficamos em cada extremo da base e o relacionamento sobe em direção ao vértice. Quando as questões de personalidade surgem num relacionamento perfeito, sabemos que é um "problema" nosso. O relacionamento é o ponto de amor incondicional onde nós e o nosso parceiro vamos vivenciar a paz, a bênção, o êxtase e o saber, que é intemporal e imensurável. Temos de compreender que o relacionamento, o ponto para onde nos dirigimos, não está fora de nós. Ele é o nosso cerne mais íntimo.

Você está pronto para encetar a jornada rumo ao SEU relacionamento perfeito? Acreditamos que é parte do potencial de toda pessoa criar exatamente isso. Nos capítulos que se seguem vamos fornecer-lhe instrumentos que você poderá usar da maneira que seja mais conveniente para a criação de suas justas recompensas.

Os onze passos para o SEU relacionamento perfeito são um processo de descoberta do eu interior. O acesso ao eu interior, esse fluxo de energia cheio de recursos, imensurável, provém de uma fonte de amor, de paz, de retidão, de verdade, de aceitação e de conhecimento, e proporciona um forte impulso para a busca do verdadeiro relacionamento. O corpo físico permite a expressão do eu interior e de sua fonte básica. O comportamento humano de negação costuma fazer-se acompanhar da ignorância e do ciúme, na forma de ambição, ódio, raiva e destruição. Nenhuma dessas expressões de comportamento faz parte da nossa definição do eu interior. Esses comportamentos, induzidos pela negação, tornam-se com freqüência dominantes, sem que nos preocupemos nem um pouco com o eu interior. A descoberta do eu interior e a prática das suas mensagens trarão continuidade e imprimirão uma direção essencial à nossa vida. O processo de onze passos visa modificar a percepção exterior que temos de nós mesmos, tornando-nos o próprio eu interior. Ele procura manifestar esse eu interior no mundo exterior a fim de realizar um fluxo agradável. Ele se refere à escuta do eu interior que habita o nosso coração e à aquietação da mente ocupada e ativa por um tempo suficientemente longo para que o eu interior se encarregue de tudo.

O processo de onze passos é a própria jornada – do exterior para o interior. Assim, é aconselhável começar com os passos físicos exteriores compreendidos na seqüência, que vai de um a quatro. Esses quatro passos proporcionam um sentimento de bem-estar, a maior consciência das necessidades e responsabilidades físicas, a força, a clareza, a felicidade e o nível mais elevado de energia necessários para nos sustentarmos nos passos, que vão de cinco a onze, em direção ao interior. Como esses passos interiores estão inter-relacionados, você pode preferir trabalhar em qualquer um deles, em alguns deles ou em todos eles a qualquer momento. A nossa experiência revelou que é essencial a execução de todos os onze passos.

Entenda, por favor, que nenhum passo é superior ou inferior a qualquer outro, que o Passo 11 não é mais "avançado" do que o Passo 4, nem o Passo 5 menos "avançado" do que o Passo 9. É um em todos e todos em um. Não há separação. Tivemos de pô-los numa certa seqüência para fornecer a você um esquema com que possa trabalhar.

Também incluímos algumas das nossas experiências como exemplos que podem ajudá-lo a ver como os passos funcionaram para nós.

Esse processo requer um compromisso pleno, não se parecendo com a técnica básica que consiste em ligar e desligar numa questão de segundos. É um processo complexo, que vai exigir tempo. Ele nos ensinou a orientar-nos pelo processo, a amá-lo, a nos tornar partes dele, a valorizar as descobertas feitas ao longo da jornada e a não nos concentrar nos resultados. É essencial fruir e valorizar o processo e não nos concentrar apenas na meta. Quando não nos concentramos num resultado esperado, as recompensas tornam-se ilimitadas! Cada pessoa vai sentir aquilo que contribui para o seu maior interesse e bem-estar. É igualmente importante conservar o senso de humor nessa jornada e rir sempre das coisas engraçadas que acontecem ao longo do caminho.

Esse processo, embora tenha um começo, não tem fim. Ele terá prosseguimento mesmo depois que o SEU relacionamento perfeito se tornar realidade.

ELE É UM MODO DE VIDA – É O TRABALHO DE UMA VIDA!

Enquanto lê isto você pode estar pensando: "Sim, isso é bom quando a pessoa é solteira e quer criar um relacionamento, mas, e no meu caso? Tenho um relacionamento e quero aprimorá-lo." Esse mesmo processo se aplica a você, caro amigo. Por exemplo, se você acha que está num relacionamento rotineiro e quer criar o SEU relacionamento perfeito, FAÇA-O! Trata-se de uma escolha, e precisamos estar conscientes de que, no nível da essência, só somos responsáveis por nós mesmos.

Antes de iniciar o processo de onze passos, imagine-se soprando o resultado – SEU relacionamento perfeito – numa bela bola imaginária da cor do arco-íris e, em seguida, soltando-a para que voe livre e entre em fusão com o fluxo universal das coisas. Isso significa desapegar-se do resultado, renunciar a pensamentos como: "O meu atual parceiro vai unir-se a mim? Quando?", "Vai ser o meu parceiro perfeito?", "Teremos de nos separar?" etc. O foco no processo é importante. O eu interior, que sabe mais, se encarregará de tudo. A "cura" de um relacionamento pode ser tanto uma união como uma separação. À medida que percorremos as etapas do processo de onze passos e conhecemos o eu interior, confiando-lhe a tarefa de nos guiar, você vai saber e compreender que, seja qual for o resultado, tudo será para o seu bem.

Iniciemos a jornada – onze passos em direção ao vértice do triângulo, ao ponto onde estão o amor incondicional, a paz, o êxtase, a felicidade e o conhecimento que não é limitado nem pelo tempo nem pelo espaço:

O SEU RELACIONAMENTO PERFEITO

ONZE PASSOS PARA
O Seu Relacionamento Perfeito

Esses onze passos baseiam-se nas experiências que levaram ao nosso atual relacionamento perfeito. Esses passos pretendem ser instrumentos para o seu uso, *mas só se você decidir segui-los* com o fim de criar um caminho pessoal para um relacionamento perfeito.

PASSO 1

*Um corpo bem-conservado será
um "templo" agradável no qual poderemos
encontrar e vivenciar nossas várias opções de vida.*

Exercício Físico

Exercícios são maneiras de aprimorar nossas opções de vida, e não um fim em si mesmos. Os exercícios treinam e desenvolvem o corpo por meio da prática constante, ao mesmo tempo que o preparam para ser usado em todas as atividades da vida. Por exemplo, um pianista pode exercitar os dedos para tocar piano.

Parece-nos útil proceder como um arquiteto e começar a construir um programa de exercícios registrando todas as nossas idéias numa folha de papel. Escolhemos intencionalmente as palavras "programa de exercícios" para assegurar que o exercício seja entendido como um processo. Em seguida, reduzimos as idéias àquelas com que de fato nos comprometeríamos a traba-

---

Sugerimos que você consulte um médico antes de escolher ou iniciar o seu programa de exercícios.

lhar. Adicionamos à lista todas as coisas de que precisaríamos (equipamentos, roupas, tempo etc.). Passamos então de arquitetos a empreiteiros e transformamos a relação em realidade ao reunir todos os instrumentos e toda a assistência pessoal requeridos. Chegou a hora de nos transformarmos em operários e de pôr mãos à obra! Na qualidade de trabalhadores, verificamos algumas vezes que a escolha das ferramentas pelo empreiteiro requeria mudanças ou que a abordagem do arquiteto precisava de modificações. Em geral, são feitas mudanças ao longo do caminho para facilitar o crescimento, razão pela qual fizemos os ajustes necessários para melhorar o andamento do nosso programa.

As sugestões a seguir são oferecidas como elementos a considerar quando você projetar um programa de exercícios físicos:

1. Consulte um médico antes de escolher ou de iniciar um programa de exercícios.

2. Pense num programa que beneficie todo o corpo e enfatize a respiração e a coordenação.

3. Examine cuidadosamente seu atual estilo de vida e projete um programa que funcione dentro dele. Por exemplo, se você viaja muito, o programa precisa estar disponível durante suas viagens. Se o seu modo de vida atual comporta muitas atividades, pode ser necessário reprogramar ou eliminar algumas dessas atividades.

4. *Inicie qualquer programa que você criar com a afirmação: "Comprometo-me a praticar regularmente."* Descobrimos que é mais útil repetir o programa de exercícios ao menos quatro vezes por semana.

5. Comece devagar; não há pressa nem linha de chegada. Trata-se de um processo, e não de uma competição. O importante é *continuar*! O exercício em si pode não ser agradável, mas esse trabalho árduo tem as suas recompensas. Por exemplo: redução do nível de *stress*, aumento da energia, aumento da força e da resistência, uma compleição mais saudável, uma sensação de realização e clareza mental. Haverá dias em que razões criativas aparecerão, tentando-nos e atraindo-nos no sentido de evitar nosso programa regular de exercícios. Nesses momentos, precisamos fortalecer o nosso *compromisso* e permitir que as lembranças das recompensas passadas obtidas com o exercício intervenham como motivação. As desculpas criativas podem levar facilmente à interrupção.

6. Escolha um período que lhe seja disponível todos os dias. Um bom método consiste em fazer do exercício a primeira ação depois do despertar. Isso garante que você pratique e faz que o motor do corpo comece a funcionar com um sentimento de realização ao começar o dia.

7. Respeite o período que você escolheu. Haverá dias em que as desculpas para não fazer o exercício aflorarão aos montões. Descobrimos que é valioso afastar cuidadosamente essas desculpas, manter a rotina e afirmá-la como uma prioridade inestimável em nossas opções.

Muitas pessoas realizam um extenso programa de manutenção de sua casa, de seu carro etc., para que durem bastante, ostentem uma aparência agradável e funcionem bem. Nosso programa de exercícios pretende ajudá-lo a fazer o mesmo com o seu corpo. Quando o nosso carro é bem-conservado, instalamo-nos nele com uma sensação agradável, sabendo que ele nos levará ao nosso destino com toda a facilidade. Um corpo bem-conservado será um "templo" agradável no qual poderemos encontrar e vivenciar nossas variadas opções de vida.

Um programa de exercícios bem-organizado usa todas as partes do corpo e nos ajuda a permanecer fortes, purificados e cheios de vitalidade. Ele funciona como um agente de purificação, ajudando o corpo a livrar-se de detritos indesejados. Todos os dias enchemos o corpo com coisas que se converterão em resíduos. Esses resíduos são o resultado da comida, da bebida, do pensamento, do *stress*, das experiências e assim por diante. Essa produção incessante de resíduos requer um programa de manutenção que seja capaz de garantir sua eliminação. Um programa de exercícios regular é justamente o começo disso.

Lembre-se de que manutenção não significa excesso de dedicação a um programa de exercícios. Estamos tentando alcançar um equilíbrio apropriado. O DESCANSO é parte importante de um programa de exercícios equilibrado, porque revigora, restaura e ativa o nosso corpo, dando-nos uma sensação de bem-estar. Ele também ajuda a trazer a paz, promovendo um alívio para o desgaste, a irritação e o cansaço e acalmando os nossos corpos físico, mental e emocional. A determinação do que é melhor para os nossos estilos de vida em constante mudança é um processo de auto-observação, de experimentação e de ajuste. Será útil examinar as áreas a seguir, bem como outras que você julgar necessárias, para determinar o que é mais apropriado para o seu descanso: (1) o *Sono* é um período natural de descanso durante o qual temos poucos pensamentos conscientes ou movimentos voluntários; (2) o *Período de Calma* é o tempo que passamos sozinhos, tranqüilos e inativos; (3) o *Período Inter-*

mediário é o tempo empregado no intuito de conseguir alguns momentos de relaxamento entre as nossas várias atividades.

Muitas vezes ouvimos as pessoas valorizarem o exercício físico por ele beneficiar o corpo físico (peso, forma, compleição, tônus muscular). Tivemos claras experiências de benefícios adicionais para o corpo emocional (menos ansiedade, menos *stress*), para o corpo mental (mais clareza, melhoria da memória) e para o corpo espiritual (reconhecimento mais freqüente de uma realidade maior, que nos ajuda a manter as coisas em perspectiva).

Uma multiplicidade de benefícios está por ser conseguida. Para vivenciá-los é preciso muita prática e esforço.

EXEMPLO (ALIX). As águas tempestuosas do meu segundo casamento fracassado se haviam acalmado e eu me instalara na minha nova casa. Foi quando tomei a importante decisão de iniciar um programa de exercícios. O prédio onde eu morava tinha uma piscina. Observe-se que não gosto particularmente de nadar, mas todas as manhãs, antes de ir para o trabalho, eu nadava durante pelo menos meia hora. Era uma disciplina árdua, mas cheia de recompensas. Eu me sentia forte e ativa durante toda a manhã depois de praticar esse exercício. Quando chegava ao escritório, eu estava imbuída de um senso de realização.

Além disso, decidi retomar os exercícios de ioga por uma hora e meia ao voltar do trabalho. A respiração, o relaxamento, a concentração, as posturas, o delicado alongamento e equilíbrio dos exercícios me permitiam liberar as tensões e o *stress* do dia.

Mais tarde, troquei a natação aeróbica pela bicicleta fixa. A bicicleta ficava na varanda externa do meu apartamento e me dava a vantagem de estar fora e não dentro de casa.

Depois que superei as dificuldades iniciais, esse programa de exercícios equilibrado deu-me uma sensação de bem-estar.

Eu mal podia esperar para praticá-lo. Ele se incorporou efetivamente à minha vida.

EXEMPLO (RONALD). Quando morava em São Francisco, eu passava parte do meu tempo livre caminhando pelas praias oceânicas. Certo dia, um jovem passou por mim correndo e eu também decidi correr um pouco. Bem, isso foi um choque para o meu corpo e para o meu ego. Mal consegui correr vinte metros sem perder o fôlego. Olhei de um lado para o outro da praia e decidi que começaria a praticar *jogging* e a caminhar cerca de cinco quilômetros até poder percorrer toda essa distância sem parar. Na manhã seguinte, fui para a praia disposto a enfrentar esse desafio. Eu praticava sete dias por semana, com a areia macia, a neblina, a chuva, o vento e as belas manhãs de sol, com as ondas do oceano arrebentando na praia enquanto os pássaros dançavam à música da manhã. Correr, caminhar, correr, caminhar... Passados dois meses, completei o meu percurso sem parar. Onde quer que você morasse, é provável que tenha ouvido o meu grito de júbilo.

Durante esse período, meu peso caiu de noventa para oitenta e dois quilos. Minha pele era rosada, eu me sentia bem melhor e pensava com muito mais clareza.

O *jogging* tornou-se parte importante da minha vida. Como não dependia da existência de um lugar particular era fácil praticá-lo durante as viagens. Houve manhãs em que eu despertava e encontrava muitas razões diferentes para não me exercitar, mas então meu coração me lembrava de como eu me sentira maravilhosamente bem quando completara a corrida. A recompensa da sensação de força, de alerta e de vigor era grande demais para ser perdida.

Um amigo sugeriu-me a prática da ioga. A aula compreendia meia hora de respiração, meia hora de meditação e uma hora de exercícios. Esses exercícios me fizeram perceber a tensão que limitava os movimentos do meu corpo. Eu não era capaz de tocar os dedos do pé sem dobrar as pernas. Minhas mãos mal chegavam abaixo dos joelhos. A ioga não era totalmente compatível com a corrida. Correr enrijecia meus músculos, enquanto a ioga os alongava e relaxava. Mas, como a corrida ainda era importante para mim, aceitei as limitações que ela impunha à prática da ioga.

PASSO 2

*Deixemos que o nosso corpo nos conduza
à dieta que nos é mais apropriada.*

Dieta

Nosso programa regular de exercícios precisa ser acompanhado por uma dieta apropriada. Para nós, a palavra *dieta* significa "um modo de vida no qual estabelecemos o que é apropriado para comer e beber". Cada pessoa tem um corpo ligeiramente diferente, e cada corpo tem suas próprias exigências. O propósito deste passo é descobrir nossas próprias exigências específicas.

No mundo de hoje, os meios de comunicação de massa promovem constantemente produtos que nos prometem uma aparência melhor, uma sensação melhor e um desempenho melhor – ou nos façam parecer um modelo grego bem-delineado – pela ingestão de um certo alimento, de uma certa bebida, de

---
Sugerimos que você consulte um médico especialista antes de iniciar a sua dieta.

determinada substância. Dificilmente a natureza pretendeu que os cerca de seis bilhões de habitantes da Terra tivessem a mesma aparência ou comessem e bebessem a mesma coisa ao mesmo tempo. A natureza cria todas as coisas com ligeiras diferenças. Essas diferenças incluem preferências que dependem de disponibilidade, qualidade, quantidade, necessidades individuais e outros fatores. Essa variedade de condições dispersa o consumo, permitindo que a natureza substitua o que foi consumido. A natureza tem uma maneira muito própria de promover o equilíbrio. Ao assumir a responsabilidade individual pela determinação das nossas necessidades dietéticas específicas, estamos respeitando as leis benéficas da natureza, ao mesmo tempo que obedecemos a elas.

É importante ler livros ou revistas e consultar pessoas confiáveis sobre a nutrição e a preparação de alimentos. Esses consultores podem ser médicos, proprietários de lojas de alimentos saudáveis, educadores que trabalham no campo da nutrição, cozinheiros, nutricionistas de escolas e hospitais e outras pessoas que você seja levado a interrogar. De modo geral, reservamos um certo tempo para considerar aquilo que ouvimos ou lemos e decidir se pensamos e sentimos que é apropriado para nós. Escolhemos fontes que inspiram o nosso interesse e nos motivam a agir.

Comecemos com uma prática dietética que interfere na maior parte da nossa composição física, a ÁGUA. Cada um de nós tem mais ou menos 95 por cento de água na infância e cerca de 75 por cento na fase adulta durante o processo de envelhecimento. Não há como exagerar a importância de repor a água do corpo físico. Tomar cerca de oito copos de água pura por dia (engarrafada ou filtrada) promove a limpeza do corpo, ao mesmo tempo que mantém o indispensável equilíbrio dessa necessidade tão essencial. Essa é uma prática relativamente simples: beba água e sinta a diferença!

Em seguida, muito provavelmente o exercício vai produzir uma mudança nos alimentos que escolhemos. À medida que o nosso corpo se fortalece e se dedica às suas atividades, suas necessidades podem alterar-se. O corpo pode dizer que precisa de mais água ou de legumes frescos, assim como pode pedir menos doces e gorduras. Um corpo cansado e não-exercitado torna-se moroso, indolente e apático, a ponto de não perceber a importância do envio de mensagens sobre as suas necessidades. Esse tipo de corpo nada nos pede e nada nos diz. Pelo contrário, um corpo bem-exercitado pede o que precisa e nos alerta para os problemas que forem surgindo.

Leva tempo para descobrir que alimentos ajudam ou prejudicam o nosso sentimento pessoal de bem-estar. Alguns dos alimentos mais benéficos são alimentos frescos, frutas, legumes, grãos e verduras. Com a ajuda do nosso exercício regular e do consumo apropriado de água, podemos identificar e eliminar alimentos que sabemos que não são saudáveis e que nos deixam cansados, irritadiços ou confusos. Precisamos ter cuidado para não seguir tudo que os outros nos indicam ou considerar essas observações válidas para nós. É importante saber discernir entre o que o corpo nos diz e o que os outros nos contam. Este é um processo de tentativa e erro. Por exemplo, as mulheres grávidas costumam pedir alimentos pelos quais nunca se interessaram quando não estavam grávidas. Às vezes, temos vontade de comer cenouras que não vem de estímulos exteriores. Esses exemplos ilustram a maneira como o corpo nos pede para atender a uma necessidade. No Passo 3 – Livrar-se das Drogas, do Álcool e do Fumo – discutiremos mais extensamente o modo como as nossas ações podem desregular a importante função do corpo que o leva a pedir ou a dizer aquilo de que precisa.

Ao longo do caminho, fizemos experiências com a nossa dieta, adaptando-a e ajustando-a ao nosso corpo em constante mudança. Uma dessas experiências consiste em eliminar um dado alimento durante um mês. Nesse período, descobrimos se há alguma diferença perceptível. Se nos sentirmos bem e mais ativados, continuamos a não ingeri-lo e tentamos eliminar outro. Esse processo nos ensina que efeito a ingestão ou a não-ingestão de certos alimentos tem sobre o nosso senso de bem-estar. Ele continua a nos oferecer resultados confiáveis, de primeira mão, quanto às nossas necessidades pessoais, ao mesmo tempo que nos estimula a continuar seguindo uma dieta nutritiva e benéfica.

Finalmente, *é necessário estabelecer uma ingestão de alimentos baseada no senso comum e empenhar-se em adquirir conhecimentos sobre eles. Podemos surpreender-nos com a nossa capacidade de manter uma dieta apropriada. A prática de uma dieta não tem fim; é um processo permanente.*

A digestão é uma atividade desgastante e consumidora de energia. Na cultura ocidental, comer e digerir tornaram-se ironicamente uma forma de "exercício". No Ocidente, o estilo de vida sedentário costuma ser: dormir oito horas, trabalhar oito horas sentado, dirigir o carro por uma hora, comer durante duas horas, assistir televisão durante três horas. As duas horas restantes são dedicadas a atividades diversas. Todo esse sedentarismo resulta num acúmulo de energia que pede constantemente para ser utilizada. Em vez de fazer um exercício físico que envolva movimento, comemos um petisco enquanto estamos num dos nossos restaurantes preferidos – e começa o exercício da digestão. Esse processo adicional da digestão (resultante da ingestão de comida em excesso) cria a sensação de cansaço e, ao mesmo tempo, aumenta a quantidade de detritos que há no corpo. Todo esse "sedentarismo" força as partes importantes do corpo a ignorar e a esquecer os seus papéis. Diz o velho ditado: "O que não é usado é perdido." Observamos que o fato de não usar o corpo fisicamente e não alimentá-lo de maneira apropriada provoca disfunções e doenças. É importante reconhecer quando o corpo precisa de alimento para ter energia e quando ele é superalimentado com essa forma de exercício da cultura ocidental que é a "digestão".

Cada um de nós tem necessidades individuais diferentes de entrada, digestão, absorção e uso de alimentos. Precisamos comprometer-nos com uma abordagem, mas sem deixar de ser flexíveis. Nossos dias de hesitação tornam-se importantes lembretes dos motivos que nos levaram a escolher com atenção a dieta que nos é mais apropriada.

Deixemos que o nosso corpo nos guie à dieta que é apropriada para nós.

EXEMPLO (ALIX). Durante oito meses, segui uma dieta bem rigorosa, composta de frutas, legumes e água. Pela manhã, tomava suco de laranja feito na hora; no almoço, ingeria meio quilo de frutas frescas (da estação) e jantava legumes frescos ou cozidos no vapor, tomando pelo menos oito copos de água por dia, mas nunca durante as refeições. Essa dieta rigorosa apresentou dois resultados drásticos: (1) clareza mental, com uma enorme quantidade de energia – eu nunca me sentia cansada e nunca me sentira melhor; (2) perda de peso. Tenho 1,68 m e o meu peso caiu de sessenta para cinqüenta quilos. Isso me preocupou. Adotei uma dieta menos radical, adicionando cereais, verduras, grãos e queijo. Meu peso chegou ao ideal; minha energia e acuidade mental, contudo, nunca voltaram a alcançar os níveis extáticos da dieta original.

Mais tarde, passei por alguns períodos em que comia carne, aves e peixe. Minha combinação de alimentos nem sempre contribuía para uma digestão mais fácil e adequada. Esse retrocesso em relação à dieta original, que aumentava a energia, provocou um aspecto menos saudável, criou mais odores corporais, deu-me menos energia e menos clareza mental. Fiz algumas experiências e escolhi uma dieta mais equilibrada, com bastante água pura, frutas, legumes, cereais, grãos, verduras, queijo, iogurte e, de vez em quando, algum doce e carne de ave ou peixe.

EXEMPLO (RONALD). Pouco depois de o meu programa de exercícios ter-se tornado regular, minha vontade de comer certos alimentos se alterou. Passei a comer cada vez menos alimentos pesados, como carne, laticínios e doces. Minha alimentação básica passou a se compor de frutas frescas, legumes e água.

A leitura de requisitos recomendados para dietas, que sempre me interessara, levou-me a fazer experiências e a eliminar da minha dieta certos alimentos ou grupos de alimentos. A manteiga e o pão eram dois alimentos que aumentavam o meu peso, apesar do meu programa de exercícios. Uma sólida prática aeróbica controlava minha ingestão de doces. No início, parei conscientemente de comer carne, peixe e aves. Doía-me profundamente perceber como era desnecessário e cruel matar animais. Na verdade, senti-me mais forte, mais cheio de energia e mais leve sem comer partes de animais. Depois de um período de experimentação, dei preferência a uma dieta bem semelhante à que Alix mencionou no seu exemplo.

PASSO 3

*Veneremos o corpo,
esse templo sagrado, com um comportamento
amoroso, respeitoso e apropriado.*

Livrar-se das Drogas, do Álcool e do Fumo

Os passos anteriores exigiam mudanças. O Passo 3 também as requer. Mais uma vez, gostaríamos de ressaltar que o nosso processo de onze passos exige um esforço contínuo e um sério compromisso para que se possa conseguir uma sensação de bem-estar, felicidade, clareza de pensamento, paz interior, autoconfiança e outros atributos benéficos. É preciso concentrar-se no processo, sem se desviar para os resultados! Esse processo é um instrumento a ser usado no mais estimulante empreendimento de que dispõe a humanidade: a criação do eu pelo próprio eu interior. Muitas vezes ficamos presos a padrões de comportamento vinculados ao vício, ao abuso de si mesmo e à negatividade. Com freqüência, esses padrões nos impedem de reconhecer ou lembrar como é maravilhosa a vida sem eles.

Quando agimos movidos por esses tipos de padrões, cria-se um círculo que, com seus rápidos movimentos, impede que qualquer outra coisa entre nele. Com este passo, inicia-se na nossa vida um processo no qual reconhecemos padrões destrutivos e limitadores e deles nos libertamos, começando a acolher e a aceitar aventuras novas, saudáveis e que expandem o nosso ser.

Limitamos esta parte a três categorias representativas – as drogas, o álcool e o fumo – e chamaremos cada uma ou a todas elas de "itens". É importante compreender que não sugerimos que se mude o uso ocasional desses itens em certas circunstâncias. Por exemplo, pode haver um momento em que você e seu médico tomem uma decisão sobre o uso de uma droga específica. Sugerimos que a decisão sobre quando usar ou não usar essa substância seja tomada a partir do seu eu interior. Esse é o segredo ao longo do processo: decidir-se a partir de dentro. Cada etapa desse processo de onze passos promove o início da comunicação com o eu interior.

A decisão de introduzir quaisquer desses itens (drogas, álcool ou fumo) no corpo pode indicar um conflito entre um eu criado no exterior e um eu superior sufocado. Usando esses itens, que nos impõem limitações, tentamos escapar à incômoda sensação que nos causa o mundo exterior e entrar em contato com o universo do eu interior. Quando começamos a usar esse item, somos levados *erroneamente* a acreditar que ele nos pôs em contato com o nosso eu interior, ligeiramente, mas o suficiente para que tentemos usá-lo outra vez. A sensação de libertar-se do mundo exterior é percebida por causa da introdução do item no corpo. Ao mesmo tempo que nos faz sentir apartados do mundo exterior ao bloquear e entorpecer nossas faculdades, o item também força uma separação entre nós e o nosso corpo.

Para onde isso nos leva? Ficamos perdidos num limbo entre o mundo exterior e o mundo interior.

Esses itens impedem o corpo físico de funcionar de maneira natural e eficiente. Todos eles ou aceleram ou desaceleram o corpo, acima ou abaixo de um nível aceitável de funcionamento. Passado o efeito inicial, o corpo fica cansado, indisposto e, muitas vezes, exausto. As opções exteriores o obrigaram a comportar-se de forma não-natural. O item faz com que um dos mais assombrosos processos do mundo, o funcionamento do corpo humano, se altere abusivamente. Por intermédio do eu interior, o corpo faz escolhas que mantêm intacta a sua magnificência. Escolher um item a partir das informações do mundo exterior e introduzi-lo à força no corpo é um tratamento muito cruel para se dar a um templo sagrado. Na qualidade de veículo mais relevante da experiência humana, o corpo exige um cuidado reverente.

Quando reintroduzimos um item com freqüência crescente, o corpo se fecha cada vez mais para evitar ser coagido por algo que ele não pediu. A ingestão desses itens é uma forma de opressão e, ao mesmo tempo, uma violação do corpo. A decisão do eu exterior de usar o item sem a concordância do corpo é uma forma de opressão, e a entrada desse elemento estranho agride o corpo, tirando-lhe o livre-arbítrio natural. A defesa do corpo, seu fechamento com o fim de se proteger do item, é combatida pelo eu exterior com uma dose cada vez maior, numa tentativa de recuperar a sensação da primeira experiência. O corpo, para se proteger, resiste ao item fechando-se cada vez mais. Esse fechamento reduz a experiência percebida como necessária e, ao mesmo tempo, afasta ainda mais do corpo o eu exterior. Instaura-se uma guerra: o eu exterior bombardeia o corpo com doses maiores e o corpo vai se restringindo e recuando. Depois de cada experiência, o corpo, traumatizado, demora um pouco mais para recobrar a normalidade. Com a redução do tempo entre as doses, o corpo tende a se retrair e a evitar qualquer tentativa de voltar ao seu estado natural. Se o uso dos itens continuar ou aumentar, chega-se a um ponto em que o eu exterior fica tão confuso que o ato se torna um hábito. O corpo físico deteriora-se rapidamente devido a esse estado não-natural de constrição e recuo, permanecendo ausente e frustrado ante a oportunidade perdida de corrigir a situação. O corpo está constantemente sob um ataque esmagador e nunca tem tempo para eliminar a dose precedente. Ocorre no corpo físico um acúmulo de doses que o enfraquece até levá-lo à mais completa capitulação.

Permita que o que dissemos acima aja como uma advertência acerca do modo como o comportamento dirigido de fora pode profanar uma de nossas mais preciosas dádivas, o corpo. Veneremos o corpo, esse templo sagrado, com um comportamento amoroso, respeitoso e apropriado.

O uso habitual desses itens é um reflexo do mundo exterior de hoje: eles são convenientes e imediatos – e essa é, precisamente, a receita para o vício. Essa combinação não deixa tempo para a consideração e a avaliação de si mesmo. O vício se manifesta como uma forma de escravidão que controla e reduz a nossa capacidade de pensar e de participar das atividades da vida. Quanto mais usamos um desses itens, tanto mais estamos sendo controlados.

A sociedade confere validade ao uso desses itens ao enfatizar o fato de que "muitas pessoas os estão usando". Nossos sentidos são inundados por mensagens que solicitam, direta ou indiretamente, a nossa participação. Essas mensagens chegam até nós pela TV, pelo rádio, pela música, pelos filmes, pelos textos de revistas e jornais, pelos livros, pela propaganda, pela conversa, pelos boatos, pelos amigos, pelos conhecidos etc. Quando um ou vários dos nossos sentidos são estimulados por algumas ou por todas as mensagens mencionadas, estas nos pedem que façamos alguma coisa, em algum momento e em algum lugar. Quanto mais freqüente for a mensagem, tanto maior será o seu reforço no nosso cérebro e tanto mais ela agitará a nossa mente até que passemos a agir ante a mera sugestão da mesma.

Atendendo às exigências ou aos estímulos dos outros para que usemos esses itens e, depois, para agirmos a partir dessas mensagens, sacrificamos o corpo em benefício da mensagem que veio de fora. Essas mensagens não estão falando nem ao corpo nem ao centro de saber interior localizado no coração, o eu interior. Por quê? O eu interior nunca admitiria a presença desses itens no seu "templo". *O corpo é um grupo magnífico, notável, natural, que flui livremente, de sistemas altamente especializados, integrados e cooperativos que nos proporciona um claro e livre santuário onde possamos ter a experiência da vida.* Veneremos o nosso corpo como uma dádiva maravilhosa, permitindo-lhe que ele se comunique conosco e nos guie no sentido do que é melhor para nós.

O corpo é sobremodo surpreendente e elástico. Por mais que o maltratemos, a recuperação é sempre uma possibilidade bem-vinda. Quando agimos de acordo com o corpo, ele responde com amor e reconhecimento. Esquece os conflitos passados em prol de novos e agradáveis começos.

Algumas pessoas são suficientemente disciplinadas para desenvolver por si mesmas um programa que elimine esses itens de suas vidas. Contudo, na maior parte das vezes, isso é uma exceção.

Quase todos nós podemos precisar recorrer a um programa de assistência que atenda às nossas necessidades para enfrentar esse desafio tão difícil. Ter consciência de que precisamos mudar e, depois, agir no sentido de nos mantermos por nós próprios *pedindo* ajuda são passos muito significativos e proveitosos. Isso é um começo muito importante para a superação do vício, do abuso de si mesmo e da rejeição.

Assim, aos que o conseguirem e aos que já o conseguiram só podemos dizer: PARABÉNS!!!

Para obter assistência, você pode entrar em contato com médicos locais ou pessoais, com hospitais ou grupos de apoio locais. O jornal, as páginas amarelas de modo geral ou a biblioteca local podem oferecer-lhe valiosas informações a esse respeito. Algumas instituições são mantidas por doações e podem prestar serviços gratuitos. Se não conseguir algo que atenda às suas necessidades específicas, ligue para um desses grupos e *peça-lhe* ajuda para descobrir aquele que é mais apropriado ao seu caso.

EXEMPLO (ALIX). Nunca fumei, bebia uma taça de vinho uma ou duas vezes por mês e usava remédios liberados ou prescritos só quando estava doente. Quando me dediquei por inteiro ao meu programa de exercícios e à minha dieta balanceada, essa pequena quantidade de álcool pareceu-me uma carga desnecessária para o meu sistema. Eu ingeria álcool para fazer parte do "grupo" numa festa ou num almoço de negócios. Era uma escolha feita por sugestão de fora, porque de fato eu nunca apreciei nem o gosto nem a sensação que isso me dava. Percebi que tinha chegado o momento de ser o meu eu interior e que não precisava de álcool em nenhum momento, qualquer que fosse a ocasião.

EXEMPLO (RONALD). Entregar-me ao jogo, ao fumo, às drogas e ao álcool foi parte da minha vida em vários momentos. O fumo foi o primeiro a acabar. Um dia, sentado na praia, ao ler a advertência sobre os perigos do fumo num maço de cigarros, ouvi meu coração exclamar: "Atente para isso e acabe com esse hábito ridículo." Minha mente percebeu que se faziam pesquisas, que se gastava tempo, dinheiro e capacidade humana para me proteger e que era hora de eu seguir esse conselho sensato. Joguei fora o maço de cigarros e nunca mais tornei a fumar.

Comecei a ingerir álcool no último ano do colégio, e isso não era nada bom. Muitas vezes bebia demais e me tornava uma pessoa irritante, não me importando com os outros nem comigo mesmo. Aos vinte e quatro anos experimentei maconha e parei de beber. Mais tarde, quando trabalhava para uma grande corporação em que o álcool era um comportamento social aceito e esperado, voltei a beber. Descobri que a minha natureza irritadiça havia sido superada, mas não a minha tendência para beber em excesso.

Quando comecei o meu programa regular de exercícios e a minha dieta balanceada, parei de beber e de fumar maconha porque eles me deixavam com uma sensação de torpor. Algumas pessoas do meu círculo profissional e social ficaram incomodadas com a minha abstenção. Eu aceitava os hábitos deles, mas eles não se sentiam à vontade com a minha mudança.

Eu usara o álcool e outras drogas para sentir que participava do jogo do mundo exterior. Estava evitando o meu eu superior. Minhas experiências com esses itens me entorpeceram a ponto de eu ignorar a voz interior que me exortava a parar. À medida que a imagem interior se foi abrindo e substituindo a imagem exterior, deixar esses vícios foi uma coisa muito fácil. Minha mente entrou em harmonia com o meu eu interior.

PASSO 4

*Experiências sexuais antes de descobrir
a si mesmo é como pôr o carro
na frente dos bois e nunca perceber
que ele está indo para trás.*

Celibato (Temporariamente!)

Celibato é uma palavra que você provavelmente não gosta de ouvir. A boa notícia é que só o sugerimos como experiência temporária.

Descobrimos que o celibato permitiu que usássemos a força da nossa energia vital de maneira mais consciente. Na nossa opinião, há uma energia que anima cada ser humano, a energia vital. Percebemos que damos à energia vital vários nomes diferentes, dependendo de como a usamos – por exemplo, energia sexual, energia criativa, energia física. Cada um de nós recebe uma certa quantidade de energia e determina a maneira como ela será usada. Por exemplo, se o total da energia recebida for igual a cem por cento, poderemos usar quarenta por cento para as atividades físicas diárias, incluindo as necessidades biológicas, vinte por cento para nossas necessidades emocionais, trinta por cento para a atividade sexual e dez para a nossa criatividade (a livre expressão do eu interior). O uso do celibato pretende fazer que certas experiências criativas (do eu interior) sejam aumentadas e que as experiências sexuais sejam reduzidas ao mínimo. *O celibato é um método destinado a redistribuir o nosso suprimento de energia vital.* Com essa redistribuição do uso da energia sexual, descobrimos que nossas abordagens criativas dos desafios da vida se tornaram bem mais sólidas.

A energia sexual, parte ponderável da força vital, é concebida como a energia da procriação. Quando a energia sexual é usada em excesso, apenas para se ter o prazer sensual, ela não cumpre o seu objetivo, e isso perturba o equilíbrio da força vital. Nesse caso, boa parcela desta última se exprime por um centro de energia inferior e pode nunca alcançar os outros centros que garantem a harmonia e o equilíbrio dos corpos físico, mental, emocional e espiritual. Várias tradições identificaram sete grandes centros de energia, os *chakras*. São eles: (1) o chakra da raiz, na base da coluna; (2) o abdominal, no umbigo; (3) o chakra do plexo solar; (4) do coração; (5) da garganta; (6) do "terceiro olho", no centro da testa; e (7) da coroa, no alto da cabeça.

Em certos períodos, e por várias razões, podemos deixar de usar a nossa energia sexual ainda que discordemos do motivo disso. Nesses casos, o acúmulo de energia sexual auto-induzida e não-expressa pode ocorrer, resultando daí uma explosão de expressão sexual mal-orientada. Quando reprimida e controlada para conformar-se com mensagens exteriores desagradáveis, a energia sexual pode gerar um desequilíbrio nos corpos físico, mental, emocional e espiritual. *Reconhecendo a força da nossa energia sexual, em vez de usá-la exclusivamente para o prazer sensual, ou de reprimi-la ou controlá-la, podemos aprender a transmutá-la em energia criativa por meio da "criação de um fluxo" dos centros de energia inferiores para os superiores.*

Reserve um momento para imaginar parte da energia vital transformando-se de energia sexual em energia criativa. Trata-se de uma tentativa de extrair da abundância de energia da força vital, atualmente usada como energia sexual, uma parcela a ser usada como energia criativa. Não se pretende eliminar a energia sexual, que é uma parte devidamente equilibrada da força vital. Estamos caminhando para um equilíbrio razoável.

Quando sentíamos um acúmulo excessivo de energia sexual, costumávamos fazer o exercício a seguir com o fim de redistribuí-la (transformá-la) para os sete principais centros de energia (chakras). Você pode fazer esse exercício se ele encontrar ressonância em você e se você se sentir à vontade ao praticá-lo.

EXERCÍCIO
A Redistribuição (Transformação) do Excesso de Energia Sexual para Todos os Sete Principais Centros de Energia

1. Sente-se ou deite-se calmamente numa posição que permita que a espinha permaneça num alinhamento reto. Feche os olhos e respire suave e profundamente. A posição escolhida não visa levar ao sono.
2. Aquiete-se, permaneça assim por alguns minutos e aceite, sem julgar, o seu excesso de energia sexual.
3. *Visualize o excesso de energia sexual* entrando num balão localizado no seu centro de energia sexual (segundo chakra, abdômen) e imagine que vai redistribuí-la para todos os sete principais centros de energia.
4. Mova lentamente o balão até o seu chakra da raiz (primeiro chakra, na base da coluna) e libere lentamente parte da energia do balão no primeiro chakra. Sinta a energia fundir-se com o primeiro chakra e veja o balão diminuir.
5. Mova lentamente o balão até o segundo chakra (o do abdômen) e libere lentamente parte da energia do balão no segundo chakra. Sinta a energia fundir-se com o segundo chakra e veja o balão diminuir.
6. Mova lentamente o balão até o terceiro chakra (o do plexo solar) e libere lentamente parte da energia do balão no terceiro chakra. Sinta a energia fundir-se com o terceiro chakra e veja o balão diminuir.
7. Mova lentamente o balão até o quarto chakra (o do coração) e libere lentamente parte da energia do balão no quarto chakra. Sinta a energia fundir-se com o quarto chakra e veja o balão diminuir.

8. Mova lentamente o balão até o quinto chakra (garganta) e libere lentamente parte da energia do balão no quinto chakra. Sinta a energia fundir-se com o quinto chakra e veja o balão diminuir.
9. Mova lentamente o balão até o sexto chakra (entre as sobrancelhas, "terceiro olho") e libere lentamente parte da energia do balão no sexto chakra. Sinta a energia fundir-se com o sexto chakra e veja o balão diminuir.
10. Mova lentamente o balão até o sétimo chakra (alto da cabeça, coroa) e libere lentamente parte da energia do balão no sétimo chakra. Sinta a energia fundir-se com o sétimo chakra. À medida que esta última parcela de energia vai sendo liberada, imagine o balão se dissolvendo e retornando ao fluxo universal das coisas.
11. Empregue algum tempo para sentir o equilíbrio da energia vital nesses sete centros de energia. Quando estiver pronto, conscientize-se lentamente do ambiente físico que o circunda e abra os olhos pouco a pouco.

Esse é um grande instrumento a ser usado sempre que você perceber que a energia de quaisquer dos principais centros de energia se torna excessiva a ponto de desviá-lo de uma determinada atividade. Por exemplo, você pode estar escrevendo uma carta importante quando uma excessiva quantidade de energia sexual aflora e o impede de manter uma atenção plena e indivisa. O uso dessa visualização pode ajudar.

Usamos uma miniversão desse exercício para restaurar o eixo e o equilíbrio quando nos sentimos deslocados. Ela consiste em reservar alguns minutos para fechar os olhos, visualizar o excesso de energia excessiva e vê-la redistribuída (transformada) para os nossos sete chakras principais.

Às vezes nem sequer compreendemos ou reconhecemos as conseqüências potenciais do nosso comportamento sexual. Por exemplo, suponhamos que estamos num clube local e, depois de alguns drinques, sentimos necessidade de atenção sexual e a encontramos na pessoa sentada ao nosso lado. E lá vamos para uma noite de prazeres sexuais e sensuais. Isso é muito bom, e na manhã seguinte podemos ir embora sem nenhuma preocupação. Mas espere um pouco! Uma semana depois, descobrimos que contraímos uma doença venérea como resultado dessa única noite – pimba, a conseqüência imprevista! *O celibato nos dá a oportunidade de reconhecer e observar padrões indesejáveis de comportamento sexual quando eles surgem, bem como de transformá-los para evitar conseqüências imprevistas.*

Muitas pessoas entendem erroneamente as razões subjacentes da atração sexual e da preocupação exagerada com a busca de estímulos sexuais. Aprendemos com o mundo exterior e com a experiência que o estímulo sexual leva ao orgasmo, que nos eleva, por sua vez, a uma sensação de extrema felicidade. Não compreendemos que pode haver outros meios excelentes de alcançar esse êxtase ou felicidade. A paixão por esse resultado prazeroso nos afasta do mundo exterior. Em seguida, tentamos recuperá-lo repetidas vezes por meio do sexo. Pelo orgasmo, alcançamos um ponto no qual somos totalmente as pessoas que somos – alheios a tudo o mais no mundo exterior. Essa é uma sensação magnífica. Mas voltamos à nossa estrutura exterior (às vezes de maneira lenta, outras vezes abruptamente). É comum atribuirmos essa elevação interior ao nosso parceiro sexual. Faz-se a associação entre o parceiro e a felicidade. O estatuto impróprio do parceiro trai uma tentativa de vê-lo como responsável pela nossa felicidade. Se não a sentirmos, o parceiro leva a culpa e nós o acusamos de ter mudado. Eis um bom momento para fazer uma pausa e perceber que algumas pessoas, talvez você mesmo, procuram a intimidade sexual com outro parceiro para reagir contra um relacionamento fracassado. Muitas vezes, depois de um orgasmo com um novo parceiro, pensamos: "Este é diferente." Não é. Mais uma vez, a experiência se deve a nós mesmos.

Na nossa opinião, *a felicidade habita o eu interior*, o que explica o fato de esse estado de exaltação não ser exclusivo do ato sexual. Descobrimos que é possível alcançar um estado de bem-aventurança e de enlevo por meio da meditação, do ato de deitar-se numa clareira ou sentar-se sob uma árvore ouvindo o som da natureza, contemplando um belo pôr-do-sol na companhia de alguém com quem temos um vínculo profundo num nível essencial e assim por diante, por meio de qualquer experiência que desencadeie a fusão com o eu interior, com a nossa essência.

Observe como o seu corpo reage aos diferentes catalisadores desse estado de bem-aventurança. Como nos sentimos depois de um orgasmo sexual? Uma das respostas pode ser: "Sinto-me cansado; quero dormir." Como nos sentimos depois de chegar ao orgasmo por meio da meditação ou de uma experiência com a natureza? Se você já teve uma experiência desse tipo, você sabe. Caso contrário, deixe-nos partilhar com você a nossa experiência e estimulá-lo a empenhar-se para consegui-la. Sentimo-nos atraentes e em pleno vigor – justamente o oposto do estado de cansaço. Será que isso não constitui em si mesmo um bom indício?

O celibato é uma disciplina difícil de seguir por causa do condicionamento cultural e das experiências pessoais passadas. No entanto, nós o consideramos essencial, visto que nos proporciona o tempo e a energia necessários para nos comunicarmos com o nosso eu interior, ao mesmo tem-

po que interrompe o bombardeio de mensagens sexuais enviadas pelo mundo exterior.

Há uma ironia na mensagem sexual exterior. Não podemos encontrar aquilo que nos dizem que existe. Os meios de comunicação nos bombardeiam com apelos sensuais e sexuais. A venda do sexo reina soberana na cultura ocidental e nos persuade a acreditar que o "sexo nos torna mais atuantes". Na verdade ele torna mais atuante o eu exterior, e, comprando essa idéia, liquidamos com o eu interior. Mas examinemos a nossa vida e contemos as vezes em que tivemos de fato aquilo que os meios de comunicação descrevem tão sugestivamente. Muito poucas, se é que isso já aconteceu. A experiência sexual proclamada nos anúncios não é uma coisa natural. Ela envolve um roteiro, uma encenação, uma trilha sonora, uma representação e uma edição, tudo destinado a nos levar a crer na sua realidade. No momento em que passamos a acreditar nela, supomos que todos acreditam mas, para nossa surpresa, isso não é bem verdade. Nossa busca desesperada de alguém que transforme esses anúncios em realidade continua. Podemos até encontrar um parceiro agradável, mas então descobrimos que a conversa não flui, que o ambiente não é tão cheio de atrativos, que o parceiro não é igual ao do anúncio, não fala nem canta como ele, e nossa expectativa exagerada tem a duração do anúncio: uns trinta segundos. Quando o mundo exterior controla nossas experiências sexuais, imaginadas ou reais, podemos estar liquidando com a nossa sexualidade interior, com o nosso eu interior.

Ter experiências sexuais antes da descoberta de si mesmo é como pôr o carro na frente dos bois e nunca perceber que ele está andando para trás. Ser sexualmente ativo ao mesmo tempo que se tenta descobrir um relacionamento interior perfeito produz confusão e sem dúvida retarda a autodescoberta.

A intimidade sexual é parte de um relacionamento perfeito, mas cabe ao eu interior decidir até que ponto convém desfrutá-lo. Não tentemos agora, enquanto passamos por esta etapa, imaginar como será a vida com o nosso futuro parceiro perfeito; em vez disso, permaneçamos no agora, nesse esforço contínuo, do qual o celibato é parte. O eu interior nos vai mostrar uma série de coisas das quais agora não podemos estar conscientes. Trata-se de um processo evolutivo, de uma lenta manifestação do eu interior.

EXEMPLO (ALIX). Tendo saído de dois curtos casamentos fracassados, procurei identificar o padrão que estava causando esses fracassos. Antes de cada casamento eu tinha uma "intuição" que me fazia hesitar, a sensação de que algo não estava bem, mas a minha mente tinha suas razões para embarcar nesses casamentos. Mais tarde eu descobria que essas razões intelectuais estavam em desacordo com o meu eu interior.

O celibato foi uma opção que visava impedir-me de estar num envolvimento íntimo ao mesmo tempo que me concentrava em mim mesma. Assim, não havia parceiro em relação ao qual se podia esperar, dar ou receber alguma coisa. *Durante o celibato, dei a mim mesma atenção, amor, aceitação e perdão, ao mesmo tempo que recebia uma sabedoria e uma felicidade interiores.* Sim, aprendi definitivamente que a felicidade é inerente à minha natureza; ela existe em mim o tempo todo e ninguém de fora a cria para mim.

Cerca de um ano depois da morte dos meus pais, pensei em me envolver num relacionamento e procurei-o quase freneticamente, chegando a pagar uma taxa a uma agência de casamentos para entrar em contato com pretendentes. A agência enviou dois homens e, depois de várias horas de conversa com cada um deles, ficou evidente que eu não estava preparada. Eu cedera a uma súbita sensação de solidão e ansiedade e estava tentando apressar o fim do celibato, em vez de aproveitá-lo ao máximo. Esse era o meu padrão repetitivo de impaciência, uma necessidade premente de fazer alguma coisa apressadamente. Dessa vez, senti-me protegida por uma força invisível que me exortava a continuar no celibato, a prosseguir nessa jornada interior de autodescoberta.

EXEMPLO (RONALD). Tive muitos relacionamentos fracassados. Havia sem dúvida alguma falha inerente nos meus métodos. O celibato pareceu-me um bom item por onde começar a mudança, visto que a maioria dos meus relacionamentos tinha principiado com uma experiência sexual. Parecia-me estranho não estar envolvido sexualmente com alguém. Não anunciei meu celibato aos amigos, mas eles perceberam uma mudança no meu comportamento. Eu já não corria atrás de todo rabo-de-saia nem vivia marcando encontros. Permanecer no celibato foi uma decisão firme. Surgiram-me pensamentos como: "Voltarei a ter intimidade sexual com uma mulher? Caso isso aconteça, quando?", – além de muitas outras perguntas inspiradas da mente voltada para o exterior. Essa súbita mudança para o celibato foi um choque para a minha imagem interior, e a minha mente tentava desesperadamente convencer-me a continuar como antes. Porém, uma vozinha lá dentro me dizia para me afastar e observar a tentação, reconhecer as semelhanças entre os fracassos passados e dedicar meu tempo, com toda a paciência, a aprender sobre mim mesmo. Tive alguns deslizes ao longo do caminho, mas foram ocasionais e os reconheci como tais.

Aos poucos ficou claro, durante o celibato, que as freqüentes mensagens sexuais do mundo exterior, aliadas à minha auto-imagem e às expectativas daí resultantes, me impediam de perceber outras opções. Eu passara por um ciclo de frustrações que terminou com as mesmas descobertas repetidas do fracasso. O celibato era um período para eu viver sem a influência das mensagens sexuais fictícias, exteriores, e para descobrir coisas que estivessem em harmonia com o meu eu interior.

PASSO 5

*Há no nosso íntimo uma sabedoria
a ser ouvida.*

Aquietar a Mente

Aquietar a Mente parece algo muito simples, sendo no entanto um desafio muito difícil, em especial nesta nossa apressada sociedade. Você pode perguntar: "Por que é tão importante aquietar a mente?" Uma mente aquietada é uma "via expressa" para o eu interior. O eu interior, esse fluxo de energia que não tem forma nem dimensão e que não podemos ver, que não tem peso mas que existe, só pode ser alcançado quando o nosso tagarela interior – a nossa mente – se torna puro e silencioso mercê de uma profunda contemplação. No espaço entre os pensamentos encontramos o eu interior. Alcançamos essa "via expressa" por meio da disciplina e da prática.

Primeiro temos de ver por que a nossa mente é tagarela, por que ela se mantém num contínuo diálogo interior. Por exemplo: "Se eu me decidir a ir ver Jo, é melhor eu me preparar; é melhor terminar esta tarefa primeiro, mas, se eu a terminar, posso me atrasar e isso pode deixar Jo irritado. Ou talvez eu possa me desviar quando estiver indo para a casa de Jo... Ou quem sabe eu devesse pegar um táxi em vez de dirigir... Seria ridículo pagar um táxi quando posso dirigir... E o que Jo iria pensar se eu chegasse de táxi?" etc. etc. Esse tagarela é o resultado do nosso sistema de crenças. Damos-lhe o nome de *domesticação* da mente, a impressão que recebemos dos pais, dos parentes, dos colegas de escola, dos professores, dos amigos, do rádio, da TV, dos livros, das revistas etc., todos eles dando a sua contribuição. O processo começa na concepção e prossegue por toda a vida. A mente é incessantemente estimulada a responder e a divagar. Nossos sistemas de crenças socialmente aprovadas nos dizem quem somos, como somos, como seremos, como reagimos, e aos poucos isso vai construindo uma imagem exterior de nós mesmos que a nossa mente aceita e passa a nos lembrar constantemente por meio do seu eterno tagarelar. *É importante saber que o nosso tagarela, a nossa mente, não é nós, e que a imagem exterior também não é. Aquilo que de fato somos e de que realmente precisamos está dentro de nós, nos espaços entre os pensamentos. O conhecimento exterior está aí para ser explorado, descoberto, ouvido e seguido em nossas ações.*

O SILÊNCIO é a disciplina que leva a esse lugar interior e uma maneira eficaz de fazer calar o tagarela. É muito importante começar a praticar o silêncio reservando um período do dia para a calma, mesmo que seja por uns poucos minutos. Nosso modo de vida agitado precisa desse equilíbrio que só o silêncio traz.

Durante esse período de calma, você pode começar fazendo uma afirmação ou oração que vai concentrar a sua mente apenas nesse pensamento; depois, repita a afirmação ou oração muitas vezes, a fim de reduzir a tagarelice. Você pode perceber que outros pensamentos vão surgir e distraí-lo de sua afirmação ou oração. Afaste-os suavemente e retome o foco original.

Você pode praticar esse exercício várias vezes por dia, a qualquer momento, em qualquer lugar. Não é preciso ficar numa postura especial nem num lugar específico.

Outra sugestão para Aquietar a Mente é a meditação (um tempo de calma). É importante permanecer desperto durante a meditação, bem como sentar-se ou deitar-se numa posição que deixe a coluna ereta. Deitar-se pode provocar o sono, mas não é essa a intenção. Você pode descobrir que uma música suave (sem letra) favorece a calma ou ajuda a afastar ruídos que o distrairiam. Escolha um lugar agradável e um período do dia em que não haja perturbações vindas de fora. No começo, isso é difícil, pois milhares de pensamentos tentam mantê-lo enredado na tagarelice da mente. Afaste delicadamente esses pensamentos, sem perder o ânimo nem irritar-se. Depois de praticar a meditação por um dado período na mesma hora e no mesmo lugar todos os dias, vai ficar cada vez mais fácil abandonar os pensamentos, tornar-se receptivo e vislumbrar o eu interior.

Você pode descobrir que a melhor maneira de Aquietar a Mente não é a meditação, mas a contemplação de fatos ou cenas agradáveis da natureza, caminhar, correr ou alguma outra coisa. Não existe um modelo. Você cria o seu, e esse será o método apropriado para você chegar à "via expressa" que leva ao seu eu interior. Seja o que for que você faça para Aquietar a Mente, lembre-se de que você teve um bom começo!

Com o passar do tempo, você pode *tentar* eliminar todos os pensamentos exteriores (coisa muito difícil). Tente este exercício: conte lentamente de um até dez e, depois, de dez até um. Ao inspirar, ouça "um" e, ao expirar, "dois" – lenta e suavemente. Durante esse período, você pode ser uma vez mais interrompido por palavras, pensamentos, lembranças e idéias do seu mundo exterior. Aceite-os sem se irritar, afaste-os gentilmente e volte à contagem. Na nossa experiência, ficar em SILÊNCIO significa livrar-se dos pensamentos do mundo exterior e da tagarelice da mente, o que leva à descoberta da voz interior.

Quando passamos além da tagarelice da mente e alcançamos o eu interior, podemos surpreender-nos com as nossas experiências. Elas já não terão nada a ver com as "realidades" da mente tagarela. Simplesmente, somos NÓS MESMOS. Precisamos aprender a não questionar essas experiências interiores, limitando-nos a reconhecê-las, a aceitá-las, aprendendo a confiar nelas e a cultivá-las pelo que são: *NÓS MESMOS*, a verdade interior.

Essa verdade se expressa na maioria das vezes de maneira bem sutil, podendo pronunciar-se a qualquer momento, e não apenas durante o nosso "tempo de calma". Podemos ter as mais profundas "revelações" quando estamos tomando uma ducha (a água tende a harmonizar a nossa freqüência com o nosso "fluxo interior") ou quando o nosso corpo e a nossa mente funcionam como se estivessem no "piloto automático", como acontece quando nos dedicamos a algum tipo de atividade que não requer toda a nossa concentração mental – lavar louça, varrer o chão, cuidar do jardim ou coisa parecida. Nessas ocasiões, às vezes nós apenas EXISTIMOS, enquanto nossa mente se esvazia durante alguns momentos. E então, de repente, num átimo, *sem* pensar em nada de particular, surge-nos a grande idéia, a revelação, a resposta ou o estímulo. O que aconteceu? Tocamos o espaço entre os pensamentos, o eu infinito onisciente; o eu interior está se comunicando. Por isso, é preciso ficar atento a essa comunicação tão sutil, honrar e respeitar essa verdade, que pode expressar-se com uma freqüência cada vez maior à medida que avançamos na nossa "via expressa". Vamos encontrar uma nova e verdadeira "confiança no eu interior".

Autoconfiança é uma palavra que costumamos usar erroneamente, porque nós a usamos "apenas" para descrever o eu exterior, ignorando o interior. A mente é treinada pelos outros para sentir o que está fora. Isso cria uma relação dualista entre o que está dentro (e que é deixado ali sem ser descoberto) e o que está fora (e que nos ensinam a descobrir). A vida é vivida primordialmente no exterior, mas há dentro de nós uma sabedoria que precisa ser ouvida. Na maioria das vezes, o interior é negado, ignorado e desacreditado por ações exteriores que lhe são opostas. É importante confiar no nosso eu interior. Nós somos, de fato, os nossos melhores amigos.

Aquietar a Mente é um exercício que consiste em silenciar o tagarela com o fim de ouvir a verdade e o conhecimento interiores que trazemos em nós. Esse processo revela, sempre de maneira lenta, o eu interior que está sempre ali. No devido tempo, a voz do eu interior irá substituir as desagradáveis influências de fora. Não se apresse neste passo. Continue num ritmo que mantenha o seu bem-estar. Acolha e frua com alegria a aprendizagem sobre si mesmo. Respeite-a. Trata-se efetivamente de uma amizade eterna.

EXEMPLO (ALIX). Meu programa de ioga deu-me a oportunidade de praticar diariamente a aquietação da mente. Em muitos dias, era-me impossível interromper o tagarela da mente, já que centenas de pensamentos do mundo exterior afloravam. Eu os afastava com brandura. Algumas vezes, indo além da tagarelice mental, eu sentia os sons, as cores, as palavras, os sentimentos e as imagens num estado de paz interior. Aprendi a não questionar essas experiências e a aceitá-las e cultivá-las como parte de mim mesma.

O contato com a natureza sempre constituiu para mim um modo eficaz de aquietar a mente e observar o meu eu interior. Deitar numa clareira, sentar-me sob uma árvore, olhar as flores ou caminhar pela floresta sempre desencadearam em mim uma sensação de fusão com o ambiente, indo além da mente até chegar ao eu interior. As árvores, as flores, a grama e os animais sempre foram caros amigos meus – eu falava com eles e eles comigo...

EXEMPLO (RONALD). Na minha primeira aula de ioga, perguntei o que fazer durante a meditação. Sugeriram-me que contasse de um até dez e, depois, de dez até um (como foi sugerido acima). Na primeira meia hora eu chegava até quatro uma vez. Em todas as outras ocasiões o meu tagarela interferia. Fiquei surpreso ao ver como era difícil para mim esse exercício tão simples e com que facilidade me distraíam eventos que não eram parte do instante que eu estava vivendo. Quando isso acontecia, eu não conseguia permanecer no momento até chegar a dez. As aulas de ioga ensinaram-me a relaxar para aquietar minha mente ativa e a entrar em contato comigo mesmo. Essas experiências ajudaram-me gradualmente a transferir minha atenção do tagarela exterior para a voz interior.

PASSO 6

Quando temos um coração aberto, somos como uma árvore arraigada no fluxo infinito do conhecimento, da sabedoria e do amor incondicional, que sem dúvida haverá de dar frutos quando estiver pronta.

Abrir o Coração

Abrir o Coração é ir além das ilusões e limitações da mente e dos sentidos, evoluir para além do tridimensional, do palpável e atar o vínculo com o centro do amor incondicional que está dentro de cada um de nós, o imensurável EU INTERIOR. Significa ouvir a voz da verdade interior. Abrir o Coração é renunciar à dúvida e estabelecer uma confiança incondicional no guia interior. Significa também aceitar e desfrutar nossas experiências em toda a sua diversidade. Quando temos um coração aberto, somos como uma árvore cujas raízes se fixam no fluxo infinito do conhecimento, da sabedoria e do amor incondicional, que sem dúvida haverá de dar frutos quando estiver pronta.

A cultura ocidental enfatiza em demasia uma vida baseada na percepção dos sentidos. Damos a seguir um exemplo do grau de distorção com que podemos perceber uma situação particular por intermédio dos cinco sentidos. A ciência descobriu que o nosso planeta Terra gira sobre o seu eixo e ao redor do Sol numa velocidade incrível. Mas nossos sentidos, nos quais tanto confiamos, não vêem, não ouvem, não apalpam, não saboreiam nem cheiram essa velocidade. A mente muitas vezes é compelida a dar um nome às percepções sensoriais. Quando temos diante de nós algo que vai além do palpável, nossos cinco sentidos tornam-se inadequados para fornecer informações à mente. Temos de descobrir maneiras alternativas de perceber e aceitar essas experiências.

Um coração aberto admite que existe uma multiplicidade de planos a serem vivenciados, planos para os quais a nossa mente não tem nomes. Podemos ou não ter tido uma experiência que reconhecemos como pertencente ao plano metafísico, uma experiência que põe a humanidade em perspectiva e nos permite reconhecer que existem muito mais coisas além do eu exterior (físico). Essa experiência pode ter acontecido quando nos sentávamos à noite sob as estrelas, cismando, na forma de uma ligação espiritual, de um conhecimento religioso, da visão de algum evento futuro, da audição de uma voz interior ou de uma intuição profunda. Sentimos algo que ultrapassa os nossos cinco sentidos, isto é, vivenciamos o plano metafísico.

O plano metafísico vai muito além do nosso corpo palpável. É importante aprender a expandir a nossa vida de modo a incluir a percepção desse valioso recurso. Somos como receptores dotados de muitos canais diferentes. Muitas vezes nós limitamos as nossas possibilidades ao usar repetidamente o mesmo canal, o físico. Como descobrimos o metafísico? É apropriado fazer isso? Descobrimo-lo pelo método de tentativa e erro, como temos feito há tanto tempo no mundo físico.

O metafísico está voltado para o interior, enquanto o físico se dirige para o exterior. O impulso interior é usado, quando o é, com pouquíssima freqüência. Em vez disso continuamos, de um modo geral, no mundo físico, deixando que os outros decidam sobre as nossas experiências sem que haja confirmação interior. Confiamos no que está fora de nós sem confiar no nosso eu interior, e desse modo evitamos assumir a responsabilidade pelos nossos atos. Quase sempre é incômodo reconhecer essa limitação humana.

A maioria das pessoas se entrega em demasia ao plano físico e precisa alcançar um equilíbrio mediante o uso de recursos metafísicos. Muitos grandes mestres da Terra, tanto os de física como os de metafísica, enfatizaram aquilo que compreendem melhor e nos exortaram a integrar suas mensagens de modo a atingir um certo equilíbrio na vida. Nós, como discípulos desses mestres, muitas vezes ouvimos apenas o ensinamento elementar e ignoramos a mensagem como um todo.

Você pode considerar a possibilidade de reservar algum tempo para ler os livros ou ouvir os ensinamentos de vários mestres metafísicos. Dedique-lhes toda a sua atenção, porque, embora suas técnicas possam diferir, as mensagens são as mesmas; tudo é UMA COISA SÓ. Quando ouvir algo que encontre ressonância no seu coração (não na mente – e pode ser necessário tempo para diferenciar as duas coisas), incorpore-o à sua experiência e veja se funciona bem para você. Você pode descobrir que basta um mestre ou que são necessários vários mestres, mas todos eles haverão de ajudá-lo a alcançar o equilíbrio.

Abrir o Coração significa mudar as próprias idéias, renunciar à dúvida e estabelecer uma confiança incondicional no guia interior. Precisamos confiar nessa força invisível, o imensurável eu interior, rendendo-nos a ela e aceitando as nossas experiências de vida como são e pelo que são – as nossas lições. O universo não está "lá fora para nos pegar", e nós não somos suas vítimas. Ele existe para nos ajudar a aprender. Precisamos saber que não existem erros na vida, que tudo o que nos acontece está ligado a um propósito e nos traz um ensinamento. Podemos não compreender cada lição ou propósito quando a experiência ocorre. O certo é simplesmente aceitar todos os acontecimentos de maneira incondicional – e a resposta sobre o "porquê" sem dúvida surgirá em nós quando estivermos prontos para compreendê-la. Lembremo-nos de que não existe certo nem errado, mas apenas lições. Mas não é comum que nos empenhemos em ser certos, perfeitos, esquecendo-nos nesse meio-tempo de ser alegres e felizes? Por que preferimos estar certos a ser felizes, quando o certo não existe? Pense nisso.

Tomemos o coração como símbolo da vida e do viver, do amor incondicional e da unicidade. O coração físico se abre e se fecha na velocidade necessária para garantir o equilíbrio e, ao mesmo tempo, atender às necessidades do corpo. Nosso coração é um centro onde ocorrem a fusão e a nutrição do físico (o sangue) e do metafísico (o amor incondicional).

O amor incondicional, a mais importante propriedade inerente ao eu interior, cuja sede é o coração, é simplesmente a verdade que existe no interior de cada um e de todos nós. Ele não alimenta propósitos, expectativas, obrigações nem desculpas. A jornada dos onze passos nos dá a oportunidade de sentir esse amor e de introduzi-lo em cada faceta particular da nossa vida cotidiana. O amor não é compreensão intelectual. O amor está além da razão. É um profundo conjunto de experiências percebido no íntimo do coração.

O AMOR É A ÚNICA COISA QUE EXISTE!

Com a ajuda do amor incondicional, nossa consciência continua a se dirigir para a unicidade. As principais religiões há muito se têm referido à unicidade, e recentemente a ciência da física quântica reconheceu que tudo está ligado a tudo: o campo unificado, a unicidade. Einstein reconheceu que suas maiores idéias provinham não do que ele lera ou aprendera, mas de uma fonte desconhecida. Esse movimento consciente em direção à unicidade precisa ser acelerado num micronível em todos nós.

Se abrirmos o coração e nos religarmos ao nosso eu interior, ao amor incondicional, à consciência unificadora, saberemos que a separatividade criada no exterior é uma ilusão e que, na realidade, nossas experiências "físicas" não passam de lições que devemos assimilar para retornar à unicidade.

Abrir o Coração é um processo que se desenrola durante toda a vida com numerosos patamares ao longo do caminho.

EXEMPLO (ALIX). O poderoso catalisador da minha transformação foi a morte física de meus pais, ocorrida no final de 1985. Eles morreram com dezessete dias de diferença um do outro, tendo passado suas últimas semanas no mesmo quarto de hospital. Papai estava doente havia dois anos e meio, e mamãe, havia oito meses. Como sou filha única, os médicos me disseram desde o começo que a doença deles era incurável.

A morte tornou-se o meu maior mestre. Ela me ensinou a ser forte e a me concentrar no momento, a viver cada dia como se fosse o último e a amar meus pais sempre e incondicionalmente. A morte me ensinou a me livrar de todo ressentimento e a perdoar a mim mesma e aos meus pais por quaisquer desacordos que tenhamos tido na jornada da vida.

No meu "tempo de calma", eu às vezes sentia a unicidade e reconhecia que não haveria separação do amor que existia entre nós. Essas descobertas constituíram para mim um formidável apoio. Meus pais fariam sua transição para outro plano. Eu ficaria sozinha, mas não me sentia como vítima nem precisava de piedade. Orei a Deus para que o sofrimento deles no plano físico terminasse e para que seus espíritos fossem libertados. Mais tarde, numa sessão de autoconhecimento emocional com um profissional, percebi que, num nível mais profundo, eu lhes dera permissão para partir. Por outro lado, o fato de eles partirem me deu o dom maior do amor, a liberdade para descobrir e me tornar quem eu verdadeiramente sou. Tive a sensação de estar sendo libertada de uma vida inteira de expectativas da parte deles.

Cerca de dois meses depois de sua passagem, tive uma experiência sobremodo arrebatadora. Depois de duas horas e meia de leitura ouvindo música clássica, numa tarde de domingo, senti-me de repente expandindo-me com uma enorme sensação de liberdade que perpassava todo o meu ser e caminhava na direção do teto, ocupando todo o cômodo onde eu estava. Uma luz branca e, depois, dourada pulsava no meu corpo. Fiquei imóvel por cerca de quinze minutos. Então a minha mente teve uma reação de culpa: "Como você pode ter essa sensação de êxtase, de liberdade tão pouco tempo depois da morte de seus pais?" Meu coração tinha mais sabedoria – porque ele se abrira. Depois desse novo começo, houve períodos em que, perdendo de vista o meu coração, deixei-me dominar pela minha imagem exterior e me pus a fazer compras compulsivamente.

Em 1986, passei uma longa temporada de férias na América do Sul e resgatei a ligação com o meu coração, especialmente em Machu Pichu, no Peru, onde fui literalmente revitalizada. Depois de cinco semanas e meia, voltei ao trabalho e "vi uma neblina" cobrindo o meu escritório. Nesse momento, no mais íntimo de meu ser, percebi que as coisas mudavam infalivelmente quando chegava o momento certo.

Outro marco da minha jornada interior ocorreu durante a visita a um homem que eu conhecera em Portugal. Ele partilhou comigo seus conhecimentos de literatura metafísica. Isso me levou a livros e experiências que promoveram em mim a consciência do meu eu interior.

EXEMPLO (RONALD). Jogar, jogar e jogar é o que melhor descreve os meus vinte e sete primeiros anos de vida. Então casei e três anos depois me divorciei. Senti-me um completo fracasso e pensei que todo o mundo me via assim. Meu coração se abriu em função da dor e tornou-me extremamente sensível a tudo o que acontecia na minha vida. Senti e reconheci que as pessoas estavam me ajudando, cuidando de mim e me amando. Às vezes eu me perguntava: "O que há de tão diferente em mim, hoje, em relação a um ano atrás?" Eu abrira o coração e estava deixando que o meu eu interior fluísse para o mundo exterior. Era tão simples ser quem eu era e o que eu sentia que era, profundamente! Os sucessos pareciam naturais. Os fracassos eram claros e compreendidos porque eu agora fazia opções interiormente.

Três meses depois de aceitar uma oferta de emprego, a empresa onde eu trabalhava fechou as portas. Em vez de me irritar, preocupei-me com meus colegas e suas famílias. A empresa me ofereceu um trabalho em outra firma controlada por ela, mas o meu coração já decidira que eu me mudaria para São Francisco. Essa oferta de emprego era o mundo exterior tentando me afastar para longe da minha sabedoria interior. A mesma lição (o emprego) me era apresentada apenas para verificar se eu de fato tinha aprendido. Veio num pacote diferente, num papel de embrulho mais bonito, numa embalagem maior e mais enfeitada. Meu eu interior prevaleceu e passei à próxima lição no caminho de minha vida.

Nos quinze anos seguintes, em São Francisco, afastei-me lentamente do meu eu interior e voltei a me concentrar na imagem exterior. Eu alcançara sucesso no mundo exterior, mas começava a sentir que faltava alguma coisa. Por meio da prática da ioga, comecei a conversar com o meu eu interior. Uma amiga da aula de ioga retornara de um retiro de silêncio de quatro dias. Ela disse que foi maravilhoso, que ouvira o seu verdadeiro eu interior. Eu sabia, naquele momento, que por mais atraente que isso me parecesse, eu não estava preparado para encarar o meu eu interior. Por quê? Porque eu estava vivendo segundo uma imagem exterior que não se harmonizava com o meu eu interior.

Então, depois de trabalhar dez anos e meio numa empresa, fui demitido sem maiores explicações. Minha mente perguntou: "Por quê?" Mas o meu coração sentiu alegria e liberdade. Recebi propostas da indústria, e minha mente me impeliu a aceitá-las. Mas o meu coração pedia tempo para respirar e viver. Segui o meu coração. A casa que eu comprara havia quatro anos era apenas uma escala nas minhas viagens de negócio. Agora eu passava semanas trabalhando no quintal, observando uma árvore cuja presença eu não notara antes e perguntando: "Há quanto tempo você está aqui?" Ora, a árvore estava ali havia pelo menos vinte e cinco anos! Minha vida exterior, uma vida de rotina, impedira-me de perceber qualquer coisa que não fossem atribuições exteriores.

Uma amiga me visitou em maio de 1989 e pediu-me que eu lesse um livro. Ela me sugerira muitos livros antes e eu não lera nenhum deles, mas esse eu li. Ele falava de regressão a vidas passadas, entre outras experiências de vida. Eu o li de um só fôlego. Liguei para o autor, em julho de 1989, para solicitar um encontro a fim de fazer sessões de regressão a vidas passadas; disseram-me que eu teria de esperar seis meses. Houve um cancelamento em setembro de 1989, e depois de quatro sessões de regressão a vidas passadas retomei alegremente o contato com o processo de descoberta do meu eu interior. Abrir o coração tornou-se um processo contínuo.

Aprendi a me comunicar com o meu eu interior e redescobri o menino que há dentro de mim. Ele se retirara quando comecei a ouvir as outras pessoas. Era como se eu o tivesse ignorado agora e voltasse a me unir a ele. Senti uma enorme felicidade no coração ao ver o menino voltar para desencadear um prodigioso sentimento de liberdade e aventura. Meu coração estivera anestesiado e agora batia mais forte enquanto me fazia ver o meu mundo interior.

PASSO 7

É essencial que nos vejamos a nós mesmos com uma "franqueza absoluta". Não tentemos enganar-nos, pois em verdade não podemos fazê-lo.

Ver a Si Mesmo

Ver a Si Mesmo constitui uma jornada em si e, mais uma vez, é uma jornada de fora para dentro. Trata-se de uma ação cuja finalidade é reconhecer quem somos e que se realiza por meio do seguinte processo básico:

1. Ir além da nossa personalidade falsa, que se interpõe no caminho da nossa verdadeira personalidade e a proíbe de fazer o trabalho que lhe é próprio, a saber: ser o instrumento da nossa criação e manifestação.

Pode chegar um momento em que você sinta a necessidade de ajuda na jornada interior que o levará a ver a si mesmo. Escolha um profissional experiente para ajudá-lo no seu crescimento.

2. Identificar e reconhecer nossa verdadeira personalidade, o instrumento que nosso eu interior ofereceu a si mesmo com o propósito de se criar e se manifestar no mundo físico.

3. Compreender por que repetimos vezes sem conta os mesmos padrões.

4. Percorrer todas as camadas da personalidade e dos padrões e, em seguida, entrar em contato com a essência, a verdade e a beleza interiores, o todo-amoroso e imensurável eu interior.

O processo de Ver a Si Mesmo e de se preparar para receber um parceiro interior perfeito pode pôr em ação diferentes facetas da nossa vida. Algumas delas podem ser agradáveis e outras não. Algumas podem ser descartáveis, outras podem ser conservadas e algumas outras podem precisar de atenção.

Antes de começar nossa jornada interior, precisamos comprometer-nos a não julgar a nós mesmos, a não duvidar de nós mesmos nem a culpar-nos, mas simplesmente reconhecer e aceitar tudo o que descobrirmos e vivenciarmos como NÓS.

Também temos de nos comprometer a ver a nós mesmos com inteireza, verdade, honestidade, retidão, amor e compaixão. Em sua totalidade, essas palavras nos pedem simplesmente que vejamos a nós mesmos sem esconder nenhuma parte desagradável, por menor que seja. O mundo exterior nos ensina que, se a pessoa não faz a pergunta certa, não somos obrigados a dar uma resposta completa. Essa é a premissa da vida hoje: uma contínua fuga da "verdade absoluta". É essencial que nos vejamos a nós mesmos com uma "franqueza absoluta". Não tentemos nos enganar, porque na verdade não podemos fazê-lo. Se virmos somente uma parte e evitarmos ou negarmos a consciência do todo, o eu interior perceberá a nossa trapaça e nosso crescimento será prejudicado. Temos de ver tudo o que existe em nós.

Isso pode exigir que modifiquemos algumas das maneiras pelas quais dissipamos o nosso tempo. Temos de criar espaço para a nossa autodescoberta, que provavelmente não vai acontecer enquanto estivermos totalmente absorvidos em ver televisão, ir ao cinema, freqüentar festas e assim por diante. É essencial criar tempo para nós e por nós. Esse tempo pode ser passado em casa, no contato com a natureza, na igreja ou em qualquer outro lugar. O importante é estar consigo mesmo e concentrar-se em si mesmo.

A primeira parte da jornada que nos levará a vermos a nós mesmos consiste em examinar a nossa falsa personalidade, formada primordialmente pelos nossos medos, pela nossa autoimagem e pela imagem que julgamos que os outros têm de nós. Essa personalidade pensa erradamente que é a única parte importante do eu e que tem de sobreviver a todo custo. Essa falsa personalidade resulta da domesticação imposta pelo mundo exterior, que começou com os pais e os membros da família e continuou com os colegas, amigos, professores, empregadores etc. Ela é um produto dos nossos sistemas de crenças, do fato de alguém nos dizer como viver a nossa vida. Temos de ir além da nossa falsa personalidade e permitir que o nosso eu interior "dirija o espetáculo" (cuide da nossa vida).

Você já pensou alguma vez com que "imprecisão" nos comunicamos com os outros e percebeu como é pequena a participação do nosso eu interior nessa comunicação?

Acompanhe este exemplo:

1. Vemo-nos a nós mesmos.

2. Nos apresentamos.

3. Alguém recebe a nossa apresentação.

4. Essa pessoa interpreta a impressão que tem da nossa apresentação.

5. Ela reage a partir da visão daquilo que ela interpretou.

6. Recebemos a manifestação dessa pessoa.

7. Interpretamos essa informação.

8. Determinamos a precisão com que veiculamos a nossa mensagem.

Essas oito interações humanas ocorrem, todas elas, numa questão de segundos!
É tão surpreendente quanto ridículo o fato de tão grande quantidade daquilo que constitui a nossa experiência basear-se em impressões e percepções.

A parte seguinte da nossa jornada para ver-nos a nós mesmos é reconhecer a nossa verdadeira personalidade, aceitá-la e usá-la como o instrumento de manifestação do nosso eu interior. Esse instrumento de manifestação é um complexo conjunto de características que se pode definir, de modo geral, como a nossa maneira de perceber o mundo, o nosso modo de fazer as coisas acontecerem e a nossa forma de decidir acerca das nossas ações, entre outras coisas. Observe que todos têm uma estrutura diferente, uma personalidade e uma maneira de perceber as coisas diferentes – e, mais uma vez, não há certo nem errado, melhor ou pior. Cada um de nós tem exatamente a personalidade necessária para as lições (as experiências de vida) e para que o seu interior se manifeste no mundo físico. *Precisamos aprender a aceitar a nossa personalidade e a usá-la de maneira apropriada, isto é, em cooperação com o nosso eu interior.* Se não o fizermos, ela reverterá à falsa personalidade, dominada pelo medo e pela imagem, que bloqueia o nosso crescimento, a nossa aquisição de energia e a nossa expressão do eu interior.

É útil identificar e reconhecer o ego, a parte que define os limites da nossa personalidade. Ele sempre vai existir em certa medida porque é por intermédio do ego e do uso que ele faz dos sentidos que percebemos a ilusão da separatividade, a própria essência que torna possível as experiências físicas. Mas não deixemos que o ego dirija a nossa vida!

A parte seguinte da nossa jornada envolve o exame dos padrões que costumamos repetir na vida. Examinemos as nossas experiências de vida – por exemplo, os nossos relacionamentos. Podemos perceber que cada relacionamento pareceu diferente, tendo um contexto diferente e uma estrutura diferente, mas que os resultados foram os mesmos. Por quê? Porque agimos com base num padrão, numa repetição inconsciente e contínua de lembranças (prazerosas e dolorosas) armazenadas no nosso corpo e ativadas pela nossa mente domesticada, padrão esse que desencadeia em nós o fluxo de adrenalina e dele depende, bem como a reação física e emocional daí resultante. É importante libertar-se desses padrões exteriores – e isso se consegue perdoando a si mesmo e às outras pessoas envolvidas – substituindo-os por decisões tomadas em cooperação com o nosso eu interior. Deixe que o seu eu interior ocupe firmemente o "banco do motorista"!

Será que nos lembramos de como agíamos e reagíamos de outra maneira quando éramos crianças? O processo de domesticação estava apenas nos seus primeiros estágios, e o nosso eu interior ainda funcionava livremente na percepção do mundo que estava ao nosso redor e dentro de nós. É bem provável que nossas expressões infantis tenham vindo diretamente do eu interior, na forma de uma manifestação clara e sem obstruções do nosso próprio ser. *Eis o que é importante: ir além da domesticação, do medo, dos padrões e entrar em contato com o nosso próprio eu interior, com a nossa essência. As influências limitadoras do mundo exterior nos permitirão fazer opções em sincronia com a nossa essência e assistirão à manifestação de um relacionamento perfeito.*

Neste ponto vamos introduzir dois exercícios, que você pode fazer regularmente sozinho se eles encontrarem ressonância em você e você se sentir à vontade ao praticá-los. Eles podem ajudá-lo a descobrir e a ver-se a si mesmo.

O primeiro exercício pode ser feito como um instrumento inicial que lhe permitirá estabelecer contato com o eu interior, vivenciá-lo e começar gradualmente a se comunicar com ele.

O segundo pode ser usado como um instrumento de transformação pessoal em cooperação com o eu interior, como uma ferramenta para ajudá-lo a se conscientizar e a libertar-se dos seus padrões, dos seus temores, da sua imagem, de tudo o que esteja obstruindo a clara expressão do seu verdadeiro eu.

EXERCÍCIO 1
Entrar em Contato com o Eu Interior

1. Sente-se ou deite-se, relaxe e respire suave e profundamente, com os olhos fechados, de três a cinco minutos.

2. Agora peça ao seu eu interior que assuma uma forma. Aceite a primeira imagem, sentindo ou reconhecendo o que aflorar. Talvez você não o "veja" de fato, mas de alguma maneira uma forma pode vir até você como um contorno, uma palavra, um som, um perfume ou um sentimento.

3. Observe a aparência, a textura, o cheiro e o som da imagem que aparecer.

4. Estabeleça uma relação com essa imagem e o seu eu interior. Retenha-a, fale com ela, olhe para ela ou faça o que lhe parecer melhor para mantê-la no seu campo de visão.

5. Expresse o seu amor incondicional pelo eu interior, tal como ele está representado pela forma que lhe apareceu.

6. Faça perguntas e aceite o que ouvir, sentir ou perceber como sendo VOCÊ, o seu eu interior, se comunicando.

7. Depois de ter ouvido a sua mensagem, demonstre a sua gratidão e, respirando fundo algumas vezes, vá lentamente tomando consciência da sua presença física e do seu ambiente. Quando se sentir pronto, abra os olhos pouco a pouco.

Cada vez que praticar este exercício, você pode ter uma experiência diferente; seu eu interior pode mostrar-se com uma forma, som ou cheiro particular ou por meio de outra imagem. Aceite qualquer coisa que você criar como sendo sua. Honre-a como sendo exclusivamente sua. Com o tempo, você pode chegar a um nível que facilitará muito a prática desse exercício. Essas experiências são o começo da descoberta da beleza, da sabedoria e do amor incondicional que habita no seu ser interior. Lembre-se de que você é um ser maravilhoso!

VOCÊ É AMOR – A ÚNICA COISA QUE EXISTE.

EXERCÍCIO 2
Identificar e Liberar (padrões, medos etc.)

1. Sente-se ou deite-se, relaxe e respire suave e profundamente, de olhos fechados, por três a cinco minutos.

2. Peça ao eu interior que assuma uma forma. Acolha a primeira imagem, sentimento ou saber que aflorar.

3. Estabeleça uma relação com essa percepção e observe-a por alguns instantes.

4. Peça para ver, por exemplo, um padrão de relacionamento que não está em sincronia com o seu eu interior, ou um medo, uma parte de sua imagem, ou o que quer que você escolha como foco. Acolha o que lhe for apresentado – evite questionar ou tentar dirigir a resposta. Aceite pura e simplesmente a primeira coisa que aflorar.

5. Agora examine minuciosamente o que lhe é apresentado. Aceite-o, honre-o e libere-o, perdoando a si mesmo e às outras pessoas envolvidas, e peça ao seu eu interior que preencha o espaço assim esvaziado com aquilo que ele julgar apropriado. Pode ser amor, luz, cor, som, formas ou outras imagens.

6. Uma vez preenchido o espaço, demonstre a sua gratidão e depois, respirando fundo algumas vezes, torne-se lentamente consciente da sua presença física e do seu ambiente. Quando se sentir pronto, abra os olhos devagar.

É útil registrar por escrito o que lhe é apresentado, o mais rápido possível logo depois do exercício. Então, com o passar do tempo, você poderá contemplar essas imagens percebidas e, assim, ter uma compreensão mais profunda. Elas costumam ser "chaves" com múltiplos níveis de significado e de aplicação na sua vida. É preferível proceder com lentidão a tentar descobrir de uma vez todos os padrões, medos e outros fatores de limitação. Lembre-se de que eles levaram muitos anos para serem criados. Sua libertação levará algum tempo. Você vai descobrir um ritmo todo seu.

EXEMPLO (ALIX). O processo de ver a mim mesma foi se tornando mais fácil à medida que o meu coração se abria. Seu ritmo ficou mais rápido quando comecei a dar longas caminhadas numa floresta próxima e consegui reviver uma importante lembrança da infância – a sensação da natureza como uma parte de mim mesma. Vi-me assim outra vez ao lado de uma cara amiga. Passei muitíssimos fins de semana sozinha, sem falar com ninguém nem ver pessoa alguma. Isso me deu a oportunidade de observar o meu exterior parte por parte, sem nenhum julgamento, assim como a oportunidade de aceitá-lo com amor, compaixão e perdão. Deparei com sentimentos de demérito, de ser posta de lado, de não ser digna de amor, impaciência (o medo de não dar tempo) e falta de confiança em mim mesma. Minha mente observava as minhas razões para entrar em relacionamentos, minhas expectativas, minhas intolerâncias e tantas outras coisas! Foram fins de semana intensos. Todas as vezes senti-me enlevada, mais concentrada e cheia de paz interior. Aos poucos, o eu exterior domesticado afastou-se, permitindo que o eu interior ocupasse o "banco do motorista" e assumisse o controle.

Eu queria identificar e me livrar desses padrões profundamente arraigados que interferiam na expressão do meu eu interior. Senti que uma liberação mais profunda ocorreria com mais facilidade se fosse orientada por um profissional. Em 1989, depois de ler inúmeros livros sobre a reencarnação, o processo de purificação emocional e corporal e a regressão a vidas passadas, decidi iniciar um trabalho de regressão a vidas passadas numa instituição do Novo México. Minhas oito primeiras sessões revelaram-se bastante valiosas. Passei por momentos nos quais eu entrava em contato com os meus padrões emocionais dolorosos e, depois, por outros nos quais conseguia me livrar deles. Passei também por momentos de puro êxtase e bem-aventurança, nos quais entrava em contato com a essência e me sentia integrada na unicidade de tudo.

A forte sensação de liberdade que permeara todo o meu ser pela primeira vez havia três anos e meio (depois da morte dos meus pais) voltou a aflorar. Esse foi o processo de autolibertação, de retirada das camadas exteriores e da permissão a mim mesma para eu ser o meu verdadeiro eu. Esse processo haveria de levar-me a mudanças extraordinárias.

EXEMPLO (RONALD). Fui percebendo a grande diferença entre o eu exterior e o eu interior à medida que o meu coração se abrira e era reverenciado, amado e ouvido. O eu exterior tinha-se tornado dominante graças ao exercício e à experiência constante. O eu interior era forte, mas precisava de exercício e experiência. Eu sempre pensara que eu é que tomava as minhas decisões. Ninguém ia me dizer o que eu deveria fazer. Durante uma sessão orientada por um profissional, tomei consciência de um fato básico. Eu não tomava as minhas decisões, mas me rebelava contra as decisões das outras pessoas. O eu exterior aceitava o jogo e nunca deixava que o eu interior dissesse alguma coisa. Esse modo de reagir me mantinha participando ativamente num jogo exterior com todas as minhas emoções, com o meu intelecto e com as minhas capacidades físicas. Eu estava profundamente preocupado. Era doloroso reconhecê-lo, mas isso constituía ao mesmo tempo uma inspiradora revelação. Observei esse comportamento e comecei a usar minhas opções internas, deixando o jogo exterior para os que se dispunham a participar dele.

Eu sempre me sentira bem em dizer sim e em ceder aos outros, mas julgava difícil dizer não e receber. Quando um relacionamento começava a fracassar e requeria mais comunicação, em geral eu me recolhia a um estado de silêncio. Minha disposição cômoda e normal de doar passava a uma incômoda indiferença e enviava esta mensagem não-verbal: "Eu não estou dando nada; pergunte-me por que e então decida o que fazer." A parceira, de modo geral, tomava a decisão de pôr fim ao relacionamento, afastando-se assim desse meu comportamento indiferente. Depois da ruptura eu me sentia magoado e perdido. Não obstante, iniciava-se uma cura exterior, dado que a razão exterior para a minha indiferença (o relacionamento começava a dar errado) já não existia. O ato covarde de bater em retirada destruía o relacionamento, suprimia a expressão do meu eu interior e transferia o meu poder para a parceira. Eu tinha medo de dar expressão ao meu eu interior. Às vezes, por desespero, quando a parceira não agia à minha retirada, eu explodia num acesso de emoção frustrada. Isso servia de válvula de escape para o meu eu interior relegado, negado. Embora essa explosão fosse uma expressão sincera e genuinamente sentida, minha mensagem não era comunicada por ela, já que vinha acompanhada dessa emoção frustrada. Mais tarde, o meu eu exterior desqualificava a expressão do meu eu interior com várias acusações destinadas a fazer com que eu me sentisse culpado. Examinando retrospectivamente esse comportamento, ficou claro o quanto estavam separados o meu eu interior oprimido e o meu eu exterior.

Quando comecei a expressar o meu eu interior com mais freqüência, alguns conhecidos meus se sentiram incomodados. Tendo aceitado o meu comportamento anterior, orientado para fora, perturbava-os a expressão do meu eu interior. Alguns amigos de longa data desapareceram da minha vida. Isso criou oportunidades para que eu desse livre expressão ao meu eu interior com os novos amigos que fui fazendo.

Nesse processo contínuo de ver a mim mesmo tenho evoluído a cada decisão que tomo, assim como tenho aprendido a aceitar as suas conseqüências.

PASSO 8

Você já deve ter ouvido falar da lei que faz com que objetos iguais se atraiam. Essa lei também se aplica aqui.

Criar o Parceiro Perfeito

Este passo poderia ser o último, mas preferimos apresentá-lo agora a fim de que você possa continuar a praticá-lo à medida que for dando os passos restantes. Lembre-se de que todos os passos interiores (de cinco a onze) se acham intimamente entrelaçados. Quando estiver se dedicando a um dado passo e receber alguma nova revelação sobre os passos precedentes, reserve algum tempo para compreendê-la, absorvê-la e aplicá-la.

A maioria das pessoas acalenta ou acalentou na mente uma fantasia relacionada com o parceiro perfeito. Mas nós conservamos isso no nível da fantasia. Este processo se refere à descoberta do nosso parceiro perfeito a partir do eu interior e aos passos que devem ser dados a fim de trazer esse parceiro para a nossa vida. Chegou o momento de definir o parceiro perfeito como o parceiro que se une a nós na dança da vida, que flui livremente; alguém que nos aceita e nos dá permissão para ser quem somos interiormente, criando conscientemente conosco aquela "terceira entidade" que recebe o nome de *relacionamento*, na qual a sua essência se funde com a nossa, tornando as duas essências uma só, onde habita o amor incondicional.

Você deve ter ouvido falar da lei dos objetos semelhantes que se atraem. Isso também se aplica aqui. No processo de descoberta da maneira de nos libertarmos da nossa falsa personalidade e dos nossos padrões, vamos descobrindo cada vez mais quem de fato somos e nos aproximamos mais da nossa essência. *À medida que nos tornamos mais afetuosos e tolerantes, o ser que de fato somos, o processo de atrair o nosso parceiro perfeito torna-se cada vez mais fácil.*

É preciso encarar com confiança e conhecimento esse processo de autodescoberta e de criação e atração do parceiro perfeito. Temos de confiar no nosso eu interior, que nos vai ajudar a atrair exatamente o parceiro para o qual estamos preparados. *Nosso grau de relacionamento com o eu interior, com a nossa essência, determina o grau de perfeição do relacionamento que podemos ter com o parceiro.* Assim como temos de confiar no nosso eu interior, também temos de saber que nós (o eu interior) somos capazes de criar e de manifestar esse parceiro perfeito.

É essencial libertar-se da dúvida, porque ela pode impedir a união com o parceiro perfeito. Esse processo nos ensina a encarar todos os nossos sucessos e fracassos como acontecimentos relevantes e valiosos. A dúvida nos impede de dar o máximo de nós. Quando não damos o máximo de nós, os resultados são reduzidos, *isto é*, "se tivéssemos dado mais, teria funcionado?" Ou "estávamos bem perto de fazer acontecer; por que não nos esforçamos mais?" Reservemos um momento para perguntar a nós mesmos: "O que há para duvidar a nosso respeito?" NADA! Temos de fazer as nossas opções, dar o máximo de nós e simplesmente fazer isso com nós mesmos e para nós mesmos! A criação do nosso parceiro perfeito não comporta dúvidas.

Para criar o parceiro perfeito, devemos ser capazes de concebê-lo. Sugerimos que você tente o exercício a seguir e se divirta com ele, mas sobretudo que tenha em mente a sua importância. Essa criação é uma tarefa de responsabilidade e um compromisso para com o eu interior. É uma ação cujo propósito consiste em entrar em contato com o eu interior e, a partir daí, reconhecer opções sintonizadas com a nossa essência. Esse exercício cria uma ponte que liga o eu interior com o eu exterior físico.

Numa folha de papel, escreva todos os detalhes sobre o seu parceiro perfeito interior. Essa descrição pode incluir valores internos, gostos, atividades favoritas, uma descrição física (cor dos cabelos, altura, peso etc.) – ou qualquer outro detalhe. Trata-se de um conceito aberto, a ser usado da maneira que mais lhe aprouver. Escrever ou digitar essa descrição favorece a manifestação física do parceiro perfeito – porque se trata de uma concepção, de uma afirmação.

À medida que você continua essa jornada interior, à medida que dá prosseguimento aos passos anteriores e posteriores e entra em contato com a sua essência, a concepção do seu parceiro perfeito vai-se tornando mais clara. Com o passar do tempo, você pode ter de acrescentar ou de retirar itens dessa lista, à medida que as suas escolhas forem se tornando mais claras aos olhos do seu interior. Trata-se de um processo permanente e em constante evolução.

Quando fizer a sua lista, tome cuidado para não se deixar dominar por imagens exteriores e velhos padrões, por crenças, desejos e expectativas. Esses elementos podem mantê-lo exatamente onde você estava antes e impedi-lo de você sentir toda a magia de criar e manifestar o seu parceiro perfeito.

Quando alcançamos o ponto onde se encontram o amor incondicional e a aceitação incondicional de nós mesmos, quando identificamos e reconhecemos a divindade que está em nós e nos outros, quando entramos em sincronia com o nosso eu interior, confiando na sua orientação, toda uma nova maneira de perceber pode manifestar-se e desencadear a magia.

VAMOS VIVER ESSA MAGIA!

PASSO 9

*É importante que a humanidade
retorne ao ritmo do universo –
concordando e aceitando a mudança que é
a própria essência desse ritmo.*

Aceitar as Mudanças

"**S**erá preciso fazer mudanças?" Bem, finalmente mencionamos a proverbial "mudança" do título deste capítulo, para tirar você do *suspense*.

Aceitar a Mudança é um passo-chave para um relacionamento perfeito. Os seres humanos, criaturas de hábitos, às vezes se esquecem de que, em todo o universo, tudo se move, muda e evolui – nada é fixo. Pense em tudo o que aconteceu no nosso lar, o planeta Terra, desde "o começo dos tempos", na maneira como ele se transformou, mudou e evoluiu. Espécies que viveram aqui há milhões de anos desapareceram e evoluíram para outras formas de existência. Veja a natureza, as estações, um ciclo infinito de transformação e de mudança.

Nosso corpo, na qualidade de parte desse todo, está sujeito às mesmas mudanças e transformações. Mas quantos de nós aceitam esse corpo mutável? Não tentamos fazer tudo para retardar (ou mesmo interromper) o "processo de envelhecimento", em vez de aceitar essa mudança e essa transformação e de aprender com ela? Trata-se apenas de mais uma lição a aprender ao longo da nossa jornada.

Tudo é energia, e a energia é fluida, não pode ser captada ou fixada num momento específico do tempo. Os seres humanos, presos à ilusão que chamamos de tempo, desenvolveram o calendário num momento específico do "tempo", levando em conta o conhecimento que se tinha nesse momento particular. O calendário, com sua estrutura rígida, mostra cada vez mais que não está sincronizado com a fluidez do universo. Mas essa estrutura rígida continua sendo a referência para a mudança das estações e assim por diante. Se, por exemplo, os primeiros flocos de neve caírem em outubro e as primeiras flores da primavera desabrocharem em fevereiro [no hemisfério norte], acharemos que o tempo está louco. Nunca nos passa pela cabeça que o calendário pode simplesmente não estar em harmonia com o ritmo do universo. Não negamos que uma multiplicidade de estímulos influencia o nosso padrão de tempo. Mas pensemos um pouco nas estruturas rígidas criadas pelo homem e que não permitem nem a mudança, nem a transformação, nem a evolução.

Há alguns anos, compramos um "cacto de Natal", assim chamado porque floresce no Natal. Com o passar dos anos, nosso "cacto de Natal" mudou; ele floresce no Dia de Ação de Graças, no Natal, no Dia dos Namorados, na Páscoa, no Dia da Independência e em muitas outras ocasiões. Os seres humanos tentam categorizar as coisas para fazê-las enquadrar-se num determinado período. A natureza, no entanto, no seu fluxo universal, reage a energias que não podemos controlar, de que não temos consciência e que não se enquadram numa estrutura rígida.

É importante que os seres humanos retornem ao ritmo do universo – concordando e aceitando a mudança que é a própria essência desse ritmo.

Sim, *mudança* é uma palavra muito simples de dizer, mas de modo geral muito difícil de definir e de pôr em prática antes de desenvolvermos um sistema que funcione para nós. Quantas vezes nos sentimos infelizes com um relacionamento, com o emprego, com qualquer outra coisa? Havia dentro de nós a consciência de que algo não funcionava e de que era preciso mudar. Nossa mente encontrou centenas de desculpas para não mudar, tais como: "Minha família gosta muito do meu parceiro"; "Pelo menos conheço o meu atual parceiro; posso não conseguir outro"; "Este emprego me paga bem"; "As pessoas me respeitam pelo que eu faço". Nossa mente decide ficar e "espera" que alguém possa eventualmente mudar e fazer com que nos sintamos melhor. Esse alguém não nos vai trazer a mudança, nem a paz, nem a felicidade apropriada. A única pessoa com potencial para isso é você mesmo. Essa responsabilidade é sua e não deve ser delegada a ninguém mais.

Muitos de nós resistimos interiormente à mudança e julgamos difícil abrir mão dessa resistência. Contudo, você já percebeu que, quando não oferecemos resistência, não sofremos nenhum dano? Já tentou dar um murro numa parede de pedra? Já tentou dar um murro no vento? Os resultados dessas ações nos mostram claramente o dano potencial que a resistência envolve. Pode ser útil pensar nesse exemplo quando nos vemos confrontados com a mudança ou temos a oportunidade de iniciá-la, como ocorre no processo dos onze passos.

Uma causa subjacente que nos faz resistir à mudança, e, ao mesmo tempo, nos controla, é o MEDO. O medo é o principal obstáculo exterior à mudança, à transformação, ao desenvolvimento, ao crescimento, à aquisição do poder etc. etc., bem como à liberdade. No momento em que removemos esse obstáculo exterior e substituímos o comportamento motivado pelo medo por um comportamento motivado pelo amor, nos tornamos receptivos ao nosso potencial interior, que não conhece limites. O que é o medo? É o sentimento de ansiedade, de apreensão e de preocupação que dificulta as nossas relações com as opções da vida. O medo faz parte da nossa falsa personalidade, como vimos no Passo 7. Ele pode mascarar-se sob a forma de impaciência (o medo de não dar tempo), de ambição (o medo de não ter o bastante), de autodepreciação (o medo de não ser suficientemente bom) ou de outras emoções negativas. O medo é um obstáculo que devemos superar para poder manifestar todo o nosso potencial, para ficar livres. *Ao avançar cada vez mais pelo nosso interior, entramos em contato com o nosso eu interior e, ao aceitar a mudança e ao nos tornarmos outra vez uma parte consciente desse fluxo universal, vencemos a nossa resistência, o nosso medo, e ficamos livres para manifestar o nosso potencial. Não teremos razão para ter medo, uma vez que começaremos a conhecer o nosso eu interior e a confiar nele, bem como a reconhecer o divino que existe em nós, permitindo-lhe que nos guie.*

Outra resistência à mudança é o apego, que é por si só um outro medo (o medo da perda). Os seres humanos são apegados a coisas materiais, a pessoas, a situações, a lembranças, à sua vida e aos seus padrões, empenhando-se em manter as coisas exatamente como estão ou do modo como se lembram delas, fixadas num momento do tempo. O movimento contínuo do universo requer que tudo o que nele existe também se movimente. Se tentamos resistir, para manter tudo num momento fixo, assemelhamo-nos à fita adesiva quando se cola em si mesma, e a nossa forma natural, descontraída, fica alterada. A natureza da fita adesiva é tentar manter sua forma descontraída. A mudança é inevitável, e a nossa resistência nos deixa presos em vários pontos, esticando-nos (forçando o mal-estar) no momento em que a nossa essência luta para conservar a sua forma. O que acontece quando a fita adesiva arrebenta ou é subitamente liberada? Somos lançados, como numa catapulta, na própria mudança a que estivemos resistindo, e o nosso despertar pode tornar-se uma experiência extremamente difícil. É inevitável que, no âmbito do fluxo universal, a mudança ocorra em algum ponto, e podemos sentir-nos terrivelmente magoados quando passamos por uma mudança ou pela chamada "perda". Podemos não perceber que o nosso apego, a nossa resistência à mudança é que provoca a mágoa. A coisa que mais temíamos ou à qual mais resistíamos – a perda ou a mudança – aconteceu.

É fundamental descobrir o que precisamos mudar, e não esperar que as circunstâncias externas decidam por nós a mudança que nós devemos empreender. Podemos fazê-lo aceitando as nossas escolhas sinceras, segundo a orientação do eu interior, e, em seguida, cuidando de agir apropriadamente para produzir essas mudanças. No início, pode ser necessário um bom tempo para enfrentar os sintomas e chegar a uma compreensão daquilo que precisa ser mudado. Lembre-se de que estamos criando um eu exterior a partir do eu interior. Trata-se de um método confiável que podemos ajustar de acordo com o nosso saber interior. Para sintonizar-se com a orientação do eu interior acerca de quais mudanças são necessárias ou apropriadas, continue a praticar os exercícios descritos no Passo 7: Ver a Si Mesmo. A cada mudança temos de estar preparados para aceitar o que quer que seja exigido de nós para chegar aos resultados que escolhemos. É preciso deixar que as mudanças aconteçam. E elas vão ocorrer automaticamente, sem a nossa atenção ou o nosso esforço concentrado.

Algumas serão sutis, outras naturais e outras dramáticas, à medida que seguimos o processo de onze passos. Com freqüência o esforço e o tempo para mudar podem parecer intermináveis, mas temos de "quebrar pedras" para criar e alcançar nossas justas recompensas.

É muito freqüente que a decisão de mudar seja forçada por opções exteriores ou só se baseie nelas. Isso conduz a uma vida rotineira e provoca uma distância cada vez maior em relação ao eu interior. As mudanças externas com que concordamos são na maioria das vezes condicionais, suscitando o medo de não se atender às condições impostas.

À medida que passamos pelas várias etapas das mudanças externas nesta vida, há momentos em que julgamos ter conseguido merecidamente o direito de que a próxima mudança seja mais fácil – em que julgamos ter adquirido o direito de saltar do topo da nossa auto-realização atual para o topo do próximo empreendimento que escolhemos. Mas as coisas não são bem assim.

Vejamos como alguns segmentos do mundo exterior dirigem a nossa mudança. Algumas escolhas do mundo exterior têm fronteiras, e é dentro dessas fronteiras que se definem os métodos destinados a criar a mudança. No exemplo a seguir, a arena da mudança vai ser uma opção de trabalho, representada por uma escada. Essa mudança começa por uma busca real da oportunidade apropriada e resulta na descoberta de um grupo (empresa) que nos aceita e que é aceito por nós. Em seguida, aprendemos as responsabilidades do emprego e o modo de ter um desempenho suficientemente bem-sucedido para garantir uma taxa aceitável de progresso rumo a responsabilidades ou recompensas adicionais. Com o nosso êxito, atraímos a atenção daqueles que se beneficiam dessas realizações e criamos a necessidade de invocar considerações políticas. As pessoas que nos supervisionam pedem que suas necessidades sejam atendidas. As que são supervisionadas pedem que suas necessidades sejam atendidas. Temos a tendência de ouvir atentamente os nossos supervisores porque eles nos podem fazer subir os degraus da escada, e ao mesmo tempo negligenciamos por completo os desígnios do eu interior. Nossos supervisores gostam de um sucesso contínuo e nos encorajam a segui-los mais de perto, o que provoca uma dependência e uma obediência crescentes. Por meio desse comportamento consciencioso e atento, chegamos ao topo da escada bem a tempo de substituir o supervisor que se aposenta. No topo, a distância entre nós e os que são supervisionados é grande, e os desígnios do eu interior continuam não sendo ouvidos. De súbito, o medo nos acomete, quando temos a percepção de não saber como alcançamos esse ponto. Somos incapazes de reconhecer o nosso ponto de apoio e falta-nos a confiança que depositávamos no supervisor aposentado. Agora, outras pessoas seguem e ouvem cada uma das nossas palavras, esperando que nos aposentemos.

Os elementos acima ilustram o caminho rápido para o topo da escada. Mas, se decidirmos não seguir esse caminho e fizermos uma pausa num ponto qualquer da jornada, poderemos ter uma consciência imediata dos nossos medos. Podemos sentir esses medos de várias maneiras desde que ingressamos na empresa. Por exemplo: "Serei demitido?" O medo é o ingrediente-chave, o fio comum do funcionamento dessa escada de valores do mundo exterior. O medo promove a tomada de decisões imediatas sem nenhuma contribuição do eu interior, podendo ser chamado de reação do impulso do medo ante a premência da situação exterior.

Enquanto isso, de volta ao topo da escada, temos pouca margem de manobra. E como nos sentimos? Como um alvo fácil! Quer tomemos a esquerda, a direita ou qualquer outro rumo, tudo nos leva para baixo. O medo se introduz com a reação ao impulso do medo: "Desista e escolha outra escada." A outra escada dá o sinal para que "nos aproximemos" e começamos a subir com a intenção de alcançar o topo, por ser esse o lugar que julgamos ter conseguido com base no desempenho da escada atual. Com um pé no ar, descobrimos que a nova escada tem outro conjunto de regras e que o salto que pretendemos dar não vai ser suficiente para chegar lá em cima.

Esse é o tipo de mudança exterior que costumamos vivenciar. Nessa marcha para o topo, não reservamos um só segundo para consultar o eu interior. Estávamos completamente absorvidos pelas mensagens exteriores requeridas e dispostos a aceitá-las. Muitos segmentos do mundo exterior exigem que atendamos a pré-requisitos específicos para que nossas mudanças ocorram.

Neste ponto, convém entrar em contato com as recomendações de mudança feitas pelo nosso eu interior e que são universalmente guiadas. A mudança motivada internamente vem de um centro de confiança interior, e não do medo. Enquanto se procede a mudanças, é essencial manter sempre uma completa integridade interior. Construindo uma base firme de intenção sincera e atenção afetuosa, podemos evitar as armadilhas das rígidas estruturas do mundo exterior, que nos incitam e nos atraem continuamente. Devemos amar e valorizar esse processo interior e aceitar de igual maneira tanto o sucesso quanto o fracasso.

Nosso processo de onze passos visa mudar a nossa percepção exterior de nós mesmos a fim de que nos tornemos o próprio eu interior. Confiemos no nosso eu interior, porque ele sabe mais e está em sincronia com o fluxo universal. O eu exterior manifesta essa confiança por meio das nossas experiências no mundo físico. Confiemos no nosso coração, o altar do eu interior.

EXEMPLO (ALIX). Nasci e sempre tinha morado em Luxemburgo, Europa. Em agosto de 1989, cheguei ao Novo México para fazer minhas primeiras sessões de regressão a vidas passadas e dirigi-me ao meu destino com um carro alugado. Quando saí do veículo, comecei a chorar e uma vozinha dentro de mim disse: "Você está em casa!!!" Tive de fato a sensação de estar em casa durante aquelas três semanas no Novo México. Minha interpretação das palavras da vozinha que ouvi naquele momento foi adequada, por ser ela parte do caminho que me levou aonde eu tinha de estar. Só muito mais tarde tive a revelação profunda de que o verdadeiro sentido daquelas quatro palavrinhas, "Você está em casa", estava muito além da interpretação que lhes dei na época: *Eu chegara em casa no interior de mim mesma!* Depois das sessões de regressão a vidas passadas, eu tinha plena consciência da sensação de estar livre. Meu processo aproximava-se de um ponto culminante em que alguma coisa de vulto iria alterar a minha vida.

Antes de partir, decidi que, ao regressar a Luxemburgo, venderia meus bens e voltaria ao Novo México. Minha mente não sabia como a minha vida iria ser, mas meu coração sabia que o Novo México era o meu lar. Algo maior do que o meu eu exterior estava em ação. Eu não tive dúvidas nem me entreguei a tagarelices mentais acerca dessa decisão; tive apenas confiança. No dia 1º de setembro de 1989, cheguei a Luxemburgo, pedi demissão do emprego, vendi os meus pertences e comuniquei aos amigos e aos membros remanescentes da família a minha decisão. Algumas pessoas não disseram uma só palavra; outras me disseram que eu era louca em deixar um emprego bem pago e respeitado e renunciar a todo o conforto material de que gozava; houve quem sugerisse um aconselhamento profissional; houve ainda quem admitisse que adoraria fazer o mesmo (mudar de vida de uma vez), mas não tinha coragem para tanto; outros ficaram intrigados com a nova atração que sentiam por mim e perceberam a minha paz, a minha liberdade e o meu saber interiores; algumas pessoas, enfim, ficaram curiosas e me perguntaram como eu estava fazendo essa transição. Minha melhor amiga, que eu conhecia havia mais de vinte anos, ficou muito feliz por mim e deu-me todo o apoio e ajuda de que eu precisava. Fez isso sem entender completamente o que estava acontecendo, e mais tarde confessou-me que, na realidade, estava muito preocupada com a minha decisão de fazer uma mudança que envolvia todo o meu mundo. Tudo correu perfeitamente.

No dia 30 de novembro de 1989, carregando duas malas, parti de Luxemburgo rumo aos Estados Unidos da América. Meu eu interior estava se manifestando no mundo exterior. A confiança no meu saber interior dava continuidade à verdadeira manifestação. Em fevereiro de 1990, conheci Ronald (ver o meu exemplo no Passo 10). Saímos juntos pela primeira vez em 15 de março e tivemos uma conversa de sete horas sobre as nossas vidas em abril, ficando estupefatos com as incríveis semelhanças que havia entre nós. No dia 2 de junho, Ronald propôs-me casamento e nos casamos no dia 22 de setembro de 1990. Tudo aconteceu assim, de maneira bem simples. A confiança incondicional no meu eu interior trouxera-me uma recompensa que ia além dos meus sonhos mais audaciosos – um relacionamento perfeito realizado com um amor incondicional.

EXEMPLO (RONALD). Aprendi a me concentrar nas minhas metas e a atingi-las a todo custo. Minha mudança para São Francisco era uma mudança que vinha do coração. Eu gostava da cidade e decidira que ela seria a minha última parada. Muitas pessoas comentaram que eu era provavelmente um dos melhores embaixadores da cidade. São Francisco era uma utopia vinda do coração. Não é preciso dizer que ela era adequada para mim. Em setembro de 1989 visitei o Novo México para fazer sessões de regressão a vidas passadas. Isso lhes parece familiar? Essas sessões me reabriram o coração e me permitiram ver de dentro para fora. Tudo era muito estimulante no Novo México, e o meu coração me disse para ficar. Quando voltei a São Francisco, meu coração não mudou de sentimentos quanto ao Novo México e continuou a me dizer que me mudasse. Minha mente tentou resistir, oferecer razões para ficar em São Francisco – amigos, casa, uma bela propriedade, contatos e assim por diante. Meu coração levantou o fone do gancho e marquei uma visita de duas semanas ao Novo México em dezembro de 1989, para ver se essa era de fato uma mensagem verdadeira, vinda do meu íntimo. Depois dessas duas semanas e do regresso de avião a São Francisco, minha mente captou a mensagem de começar a fazer o que era preciso para mudar. Comecei a contar o fato aos meus amigos e vi mais ou menos as mesmas reações que Alix conhecera. As pessoas não podiam acreditar que eu estivesse partindo e julgavam que chegaria um momento em que eu mudaria de idéia e ficaria.

Em fevereiro de 1990 tornei a visitar o Novo México, para alugar um apartamento. Foi então que conheci Alix. Voltei a São Francisco, vendi a maior parte dos meus bens e fiz minhas despedidas. No íntimo, eu sabia que havia chegado a hora de mudar, e os obstáculos que surgiram foram removidos rapidamente e sem nenhum conflito. Cheguei ao Novo México em março de 1990, fiquei noivo de Alix em junho e nos casamos em setembro. Tudo aconteceu com toda essa facilidade porque eu ouvira o meu eu interior e aceitara a mudança.

PASSO 10

Precisamos remover cuidadosamente todos os pensamentos que nos limitam e substituí-los pelos nossos sonhos mais caros e profundos.

Abrir as Fronteiras

É hora de abrir as nossas fronteiras! O mundo exterior nos escraviza para que sejamos dirigidos por metas, e ensina que as metas são alcançadas quando usamos viseiras. Podemos comparar esse processo ao uso de vendas, que nos impedem de ver os importantes sinaizinhos que aparecem ao longo da senda da nossa vida, sinais que indicam a maneira apropriada de alcançarmos satisfação, prosperidade, felicidade, amor e amizade.

Muitas vezes, nossa mente desenvolve um plano minucioso para atingir uma dada meta. A mente insiste para aderirmos ao plano sem concessões e estabelece as fronteiras. A mente foi educada e condicionada por experiências exteriores e as aceita, usando-nos para validá-las. Essa parece ser uma abordagem muito limitada, já que com freqüência ela negligencia o eu interior e o número infinito de outras possibilidades físicas e metafísicas.

Hoje, grande parte do que sabemos se concentra naquilo que não podemos fazer, porque nos disseram repetidamente que certas coisas são impossíveis. Nossa mente aceita essas limitações e cria as fronteiras que nos vedam o acesso à magia e aos milagres. Contudo, *eles são possíveis!* Muitos de nós fomos corretamente advertidos, desde crianças, de que o fogo queima e fere e de que devemos manter-nos afastados dele. É isso que a nossa mente aceita, sendo essa a nossa "fronteira" ou o nosso medo do fogo. Podemos dizer agora (ver o exemplo de Alix) que, com a preparação e as instruções apropriadas, *podemos* caminhar sobre o fogo, sobre brasas flamejantes, sem queimar nem ferir os pés. *No momento em que abrimos a nossa fronteira (superamos o nosso medo) por meio da "reprogramação" da nossa mente no sentido de conscientizá-la de que isso é possível, ISSO SERÁ POSSÍVEL. Alcançamos aquele ponto, situado além da nossa mente, no qual a magia e os milagres são possíveis – o eu interior infinito e imensurável.*

Quando nos desapegarmos dos preconceitos e juízos predeterminados da mente, quando ouvirmos o nosso coração e agirmos por intermédio da nossa mente, vamos nos divertir descobrindo as maneiras pelas quais as leis universais da oportunidade e da escolha ilimitadas funcionam conosco. Perceberemos que essa é uma jornada onde existe cooperação, e não um combate.

Nossas metas são importantes, e é preciso caminhar em sua direção. Com freqüência marchamos a todo custo em direção à meta. Saiba que muitas das metas pelas quais optamos entram na nossa vida para que possamos aprender uma lição. A lição pode vir logo que damos os primeiros passos em direção a nossa meta, de modo que o fato de a atingir pode não servir a nenhum propósito real. Marchemos determinados a realizar as nossas metas, mas continuemos a permitir que outras oportunidades se apresentem. A seu tempo, afloram novas oportunidades que nos descortinam novas metas em ressonância com o nosso eu interior. Então, é necessário que concordemos em mudar e, deixando de lado a meta atual, procuremos alcançar a nova.

Devido à nossa impaciência, é comum neglicenciarmos o ritmo universal (chegamos cedo ou tarde demais); por exemplo: "Não posso esperar"; "Apresse-se"; "Não vai dar tempo"; "Farei apenas mais uma coisa" – e todos os tipos de reações produzidos pela ansiedade.

Além disso, devemos dar oportunidade ao ritmo universal de todos os eventos que são necessários ao nosso crescimento e bem-estar, para que eles entrem na nossa experiência de vida. Muitos de nós sabemos por experiência própria que algumas das nossas opções alcançaram facilmente os resultados esperados, enquanto outras exigiram um esforço e uma luta contínuos. Bem, as fáceis estavam em sincronia com o nosso eu interior, com o ritmo universal dos eventos próprio da nossa experiência, e nós as manifestamos exteriormente. As difíceis eram, estritamente, opções exteriores estabelecidas por outras pessoas e que concordamos em tentar realizar. Elas podem ter funcionado para essas pessoas. Podemos ter ajudado a fazê-las funcionar para essas pessoas. Essas pessoas poderiam estar convencidas de que o nosso eu exterior era melhor para nós. Não obstante, bem no fundo de nós (no fundo porque o ignoramos durante tanto tempo), sentimos que algo não estava muito certo. Em vez de seguir esse saber interior, estávamos sendo impelidos exteriormente para a consecução da meta. Há um equilíbrio em termos da escolha de metas, do dar-lhes continuidade e do desistir delas. Quando estamos demasiadamente preocupados com a consecução de uma meta difícil, pode ocorrer que o ritmo universal dos eventos que agradam ao nosso interior não consigam chegar até nós. Nós não demos a esses eventos o tempo apropriado para que ocorressem. Em vez disso, fechamos a nossa vida tão hermeticamente que nada pode entrar nela, exceto o que estiver na nossa insípida rotina. Corremos daqui, dali e por toda parte, sem chegar rapidamente a nenhum lugar.

Se pudermos estabelecer um equilíbrio nas nossas opções interiores e, em seguida, as realizarmos no mundo exterior, poderemos fazer surgir toda uma experiência de vida satisfatória. O equilíbrio é muito importante para se adquirir e manter uma vida saudável, feliz, tranqüila e amorosa. O equilíbrio é o centro no qual nós temos poder. Quando estamos nesse centro – no equilíbrio –, podemos reconhecer clara e tranqüilamente as nossas opções, bem como tomar as decisões apropriadas. Nesse centro, nossos vários atributos se unem em agradável harmonia. Nossas fronteiras se abrem para dar as boas-vindas a tudo o que a vida tenha para nos oferecer – e estarão preparadas para aceitá-lo.

A Importância do Equilíbrio

O que queremos designar por equilíbrio?

Nossa Analogia da Gangorra ilustra a importância que reconhecemos no fato de permanecermos centrados e no interior de nós mesmos.

As personagens da nossa Analogia da Gangorra incluem: Charly, que representa o ser humano em todo o seu esplendor.

Apresentamos a você... Charly.

A Prancha,
que representa a senda da vida, em contínuo movimento, onde fazemos nossas experiências.

O Triângulo,
cujo vértice identifica o nosso lugar mais centrado e equilibrado para encontrar as experiências da vida.

Abrir as Fronteiras | **99**

As ilustrações comentadas a seguir representam as experiências de Charly no aprendizado sobre a importância do equilíbrio.

1. Charly começa no ponto central, que apresenta um caminho plano. Trata-se de uma posição de força, assim como o ponto em que Charly pode relacionar-se de maneira mais eficaz com tudo o que a vida tem para lhe oferecer. O ponto central para Charly consiste em permanecer aqui e aceitar os desafios e recompensas da vida nesse lugar de autodelegação de poder.

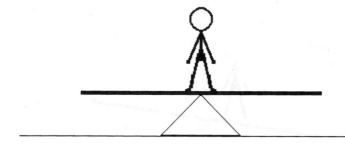

2. Está bem, Charly, você percebeu a aproximação de uma experiência jubilosa. Infelizmente, a impaciência de Charly para sentir esse júbilo toma conta dele, levando-o a perder de vista esse centro de poder. Observe que, ao se mover na direção dessa experiência, Charly acaba ficando abaixo do centro. Do mesmo modo, cada passo que se dá para correr em direção a essa experiência é mais um passo de afastamento do centro de poder de Charly. Charly vai ter esse júbilo mais cedo, mas pagará caro por isso! Charly usou muita energia para ter a experiência enquanto estava afastado do centro e lhe será necessária ainda mais energia para voltar a ele. Se Charly tivesse permanecido no centro, bem menos energia teria sido usada, o que teria proporcionado uma excelente posição a partir da qual se pode ir ao encontro da próxima experiência de vida.

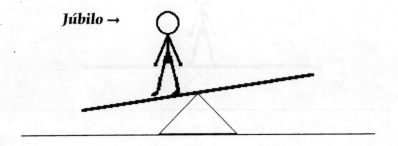

3. Desta vez, sabedor de um grande júbilo que se aproxima, Charly explode de impaciência. Abandonando por completo o centro, Charly se lança para cima e para a frente, apressando-se em ir ao encontro desse júbilo. Charly usa uma imensa quantidade de recursos pessoais para chegar lá com rapidez.

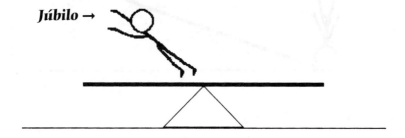

4. O enlevo produzido pela experiência jubilosa chega ao fim, como ocorre com todas as coisas boas, devolvendo Charly literalmente "de ponta cabeça" à senda da vida. A descida é muito mais rápida do que a subida. A lei da gravidade tem uma maneira de educar com rigor quem sai do centro.

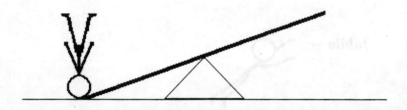

5. "Charly Super Star" subiu muito alto, foi muito longe e caiu com muita rapidez. Nosso astro terá uma jornada sobremodo difícil para voltar ao centro. (Isso acontece muitas vezes com figuras públicas.) Charly tentou imprudentemente ficar no topo da arena, abandonando o centro, e disso só resultou essa queda espetacular. Atordoado e perdido, Charly fica olhando para cima, para o ponto em que começou a queda. Charly pergunta: "Por que eu?" Ao que faz eco a voz exterior: "Por que eeeu? Por que eeeu? Por que eeeu?..." Charly partiu e se esqueceu do lugar central onde estão todas as respostas.

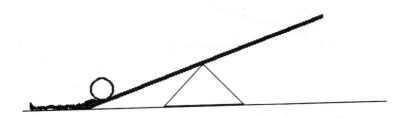

6. A aventura de Charly para longe do centro exige muito tempo e esforço para que ele retorne. Lembre-se de que é isso o que pode acontecer quando apressamos uma experiência jubilosa. Muitos de nós nos entregamos em demasia a essa experiência e terminamos caindo e nos sentindo vazios depois dela. Charly precisa praticar a permanência no centro, a "fruição" e, depois, o desapego.

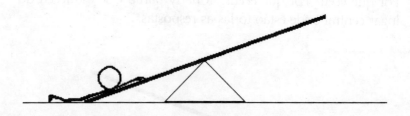

7. Bem, Charly, aparece no horizonte uma experiência difícil, a tristeza.

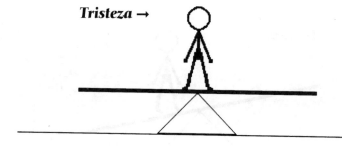

8. Charly reconhece a tristeza que se aproxima e decide adiá-la, recuando diante dela. A cada passo para trás que dá com o fim de evitá-la, Charly vai descendo e se afastando do centro.

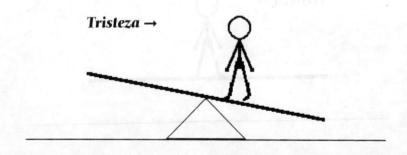

9. Agora, ainda mais afastado e abaixo do centro, Charly está estressado e falsamente convencido de que evitou a tristeza. Charly *espera* que a tristeza simplesmente desapareça.

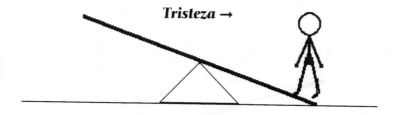

10. Charly decide esconder-se. É uma pena, Charly, que não haja uma maneira de evitar as experiências da vida. Essa experiência da tristeza irá à sua procura seja qual for o seu esconderijo. Na realidade, agora Charly está bem abaixo da experiência, estressado e ansioso, esperando que ela passe. Mas a tristeza segue o apelo da gravidade e cai dura e rapidamente até alcançar Charly.

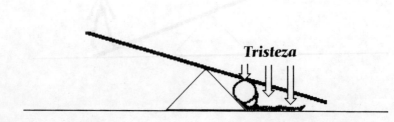

11. Estressado e exaurido pela experiência da evitação, Charly luta com a tristeza numa posição de fraqueza. Mas há uma esperança! No horizonte aparece outra experiência jubilosa. Por infelicidade, no ponto baixo em que se encontra, Charly é completamente incapaz de vê-la (desta vez ele não sairá correndo ao encontro do "júbilo"). O júbilo procura Charly no centro esperado, universalmente aceito, mas descobre que ele não está ali. O júbilo passa do centro, percebe Charly e se junta a ele num ponto baixo e distante do centro. Esse encontro nessa circunstância tem um efeito neutralizador sobre a experiência jubilosa. Por exemplo, Charly é energizado pelo músico A, é inspirado por ele e adora ouvi-lo. Charly vai ao concerto de A e só fica ligeiramente enlevado. Sente-se desapontado porque "A não foi tão bom esta noite". Quando se está num ponto baixo, mesmo a melhor experiência da vida pode ser desapontadora.

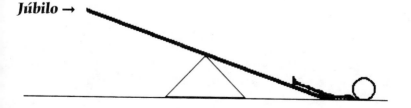

Júbilo →

12. Charly passa por dificuldades verdadeiramente grandes para recuperar o seu centro. Trata-se de uma subida íngreme (como o foi a que se seguiu à hiperexcitação), que requer muito esforço e energia. Charly começa a aprender que permanecer no centro é muito menos cansativo e muito mais gratificante do que mergulhar em qualquer direção ao deparar com as experiências da vida.

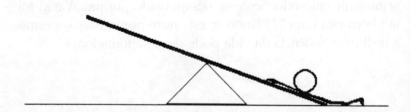

13. Parabéns, Charly! Você aprendeu o valor de permanecer no centro, bem como as imensas dificuldades resultantes da pressa ou do adiamento. Agora Charly vai ao encontro das recompensadoras e estimulantes experiências da vida a partir do tempo e do lugar mais apropriados, o centro.

*Obrigado, Charly, por nos mostrar
que a instrução é um lembrete,
a experiência é um mestre e a
ação uma necessidade.*

Como Charly demonstrou, *Abrir as Fronteiras é uma tarefa fundamental*, já que nos coloca em sincronia e em equilíbrio com o infinito fluxo universal de eventos potencialmente benéficos.

Enquanto fazemos experiências com a descoberta do nosso equilíbrio na vida, é útil perceber que de um modo geral o eu exterior cria outra fronteira, chamada máscara. Podemos achar alguém atraente e tentar copiá-lo, mas acabamos pondo uma máscara. Essa máscara constitui um bloqueio à expressão das necessidades específicas do nosso eu interior. Cada pessoa é única! Quando adquirimos confiança em nós mesmos e descobrimos o que habita no nosso íntimo, podemos abandonar a máscara exterior e deixar de representar por trás da máscara sem espontaneidade, um papel que não nos serve.

Esse é um bom momento para se lembrar de que todos os nossos pensamentos são como orações. Por exemplo, quando pensamos freqüentemente "Não tenho valor", esse pensamento se manifesta. Ele atrai para nós pessoas e situações que o comprovam. O pensamento "Tenho valor" vai atrair para nós pessoas e situações que o comprovam. Criar a nossa própria realidade é escolha nossa. Precisamos remover cuidadosamente todos os pensamentos que nos limitam, substituindo-os pelos nossos sonhos mais caros e profundos. Abra as Suas Fronteiras!

EXEMPLO (ALIX). Valorizo profundamente esta experiência. Ela demonstra como funcionavam a minha mente e o meu coração. Ronald e eu nos conhecemos no começo de fevereiro de 1990, no escritório de um complexo de apartamentos onde eu morava. Eu estava lá para pagar o aluguel e Ronald fora alugar um imóvel. O gerente nos apresentou e me pediu para mostrar o meu apartamento ao Ronald, pois ele estava interessado numa unidade que iria ficar disponível, tendo essa unidade a mesma planta da minha. Falamos um pouco sobre o que nos levara ao Novo México e descobrimos que as nossas razões eram as mesmas. Ronald disse que depois de se instalar, em março, ele me telefonaria para jantarmos juntos. Dias depois, encontramo-nos outra vez, num grupo de meditação. Ronald disse que alugara um apartamento em outro prédio e que se mudaria no início de março.

No dia 15 de março, Ronald me ligou para perguntar se eu gostaria de ir com ele à biblioteca aquela noite para assistir às demonstrações de uma mulher que fazia canalização. Agora preste atenção ao que aconteceu comigo nos poucos segundos que antecederam a minha resposta. O tagarela da minha mente disse: "O que vou fazer lá? Será que não vai ser chato? Já estamos no fim da tarde. Como vou fazer tudo o que tenho de fazer e estar pronta a tempo? Seria melhor dizer a ele para combinar outro dia." Enquanto minha mente tagarelava, uma vozinha interior me dizia: "Vá de uma vez!!!" Então eu me ouvi dizendo a Ronald: "Está bem. A que horas você vem me pegar?" Pude sentir o prelúdio do nosso relacionamento perfeito porque o meu coração abrira as minhas fronteiras.

A primeira vez em que andei sobre o fogo foi outro exemplo maravilhoso de abertura de fronteiras. Como a maioria das pessoas, aprendi que o fogo queima e fere mas, como me fora dada a oportunidade de andar sobre o fogo, dispus-me a experimentar. Aconteceu na Sexta-feira Santa de 1990 – eu não consigo pensar num dia mais significativo. Toda a preparação (de várias horas) antes de eu caminhar de fato sobre o fogo foi uma etapa muito especial e sagrada. E eu o fiz – e por duas vezes! –, e os meus pés ficaram intactos; aparentemente, nada mudara no nível físico, porém, em outros níveis, várias portas se abriram de par em par. Não posso encontrar palavras para descrever essa experiência. Eu ultrapassara "fronteiras" e chegara a um lugar mágico, onde qualquer coisa é possível. A melhor maneira de descrever essa experiência seria provavelmente esta: senti todo o universo em mim, uma experiência fortíssima que me mudou perceptivelmente até mesmo no nível físico, como me disseram no dia seguinte. Na manhã seguinte, liguei para Ronald a fim de desejar-lhe boa sorte num encontro que ele tinha naquele dia (ver o exemplo de Ronald). Ele me disse que o encontro fora cancelado e me convidou para passar o dia com ele. E acrescentou: "A propósito, sua voz está tão diferente – o que aconteceu?" Contei-lhe a minha caminhada sobre o fogo. Sua primeira reação foi: "Quero ver os seus pés."

EXEMPLO (RONALD). Foram muitas as vezes em que me recusei a receber um não como resposta. Eu gastava muito tempo e energia tentando fazer alguma coisa funcionar e acabava descobrindo que, se funcionasse, era uma experiência horrível. Quando não funcionava, eu ficava irritado e contrariado, estado no qual eu permanecia por algum tempo. Isso me impedia de me aproveitar das experiências benéficas ao meu crescimento e de participar delas.

Não consigo pensar num exemplo melhor ou mais importante da minha abertura de fronteiras do que o relatado a seguir. Quando me mudei para o Novo México, soube que havia ali uma mulher eminente e mundialmente reconhecida no campo da metafísica. Telefonei para ela, que concordou em me receber dali a duas semanas. Eu mal podia esperar por esse dia. Bem, o dia chegou e poucos minutos antes de eu sair ela ligou para cancelar o encontro (devido a uma doença). Mesmo assim, ela se ofereceu para marcar outro dia se eu o julgasse absolutamente necessário. Meu coração expressou a minha preocupação por seu pronto restabelecimento, desejando que ela cuidasse de si e concordando em que nos encontrássemos quando ela julgasse apropriado. Repus o fone no gancho, desapontado, porém, o que era mais importante, preocupado com ela. Tive pensamentos como: "Que grandeza a dela em se oferecer para marcar outro encontro, apesar de suas mazelas; quem dera ela fosse uma boa especialista na área da saúde." O telefone tocou; era Alix. Tínhamos jantado juntos cerca de uma semana antes e ela estava telefonando para me desejar um bom encontro. Expliquei que o encontro fora cancelado e que eu provavelmente faria algumas explorações no Novo México. Convidei-a para ir comigo. Passamos o dia juntos, e esse dia se revelou como o começo do nosso relacionamento perfeito. Este é um exemplo que mostra como eu não fiquei irritado com a notícia desapontadora que recebera, mantendo-me, em vez disso, numa posição que me permitiu convidar Alix para passar o dia comigo. Eu estava abrindo as minhas fronteiras.

PASSO 11

*Para sermos
o eu interior, esse rio de fluxo livre e
desobstruído, o eu exterior precisa ser
posto de lado e nos dar tempo para a nossa jornada interior.*

Seguir o SEU Fluxo

Enfatizamos o *SEU* fluxo com o fim de chamar a sua atenção para o processo da percepção interior. Não seria maravilhoso descartar coisas que, embora continuemos a fazê-las, não nos podemos lembrar por quê, ao serem feitas, nos causam mal-estar? A escolha é nossa – a opção de olhar para o íntimo e tomar uma decisão. Podemos efetivamente ter a experiência de um potencial com cuja existência jamais sonhamos, uma sabedoria interior.

Imaginemos o nosso eu interior como uma onda num corpo de água cristalina, digamos, um rio, que representa a unicidade. O que é uma onda? A água se levanta e é água; a água cai e ainda é água. Assim, qual a diferença entre a onda e a água? NENHUMA. Não há nenhuma separação da onda com relação à água, ainda que alguém tenha criado esse nome "separador": *onda*.

O nosso fluxo, nosso eu interior (a onda), é parte do fluxo universal (o rio) e, ao mesmo tempo, *é* o fluxo universal. Isso pode tornar claro para nós por que entramos em contato com o nosso potencial ilimitado – o lugar de criação e magia, nossa sabedoria e nosso saber universais – assim que penetramos no nosso fluxo e nos deixamos levar por ele.

Continuemos com a analogia da onda ou, melhor ainda, como se acabou de demonstrar, da água no rio da unicidade. Que acontece com parte da água desse rio na sua jornada? Ela é colhida por redemoinhos. E qual a conseqüência de ela ser colhida num redemoinho? A água fica girando em círculos sem parar, e talvez seja preciso um acontecimento extraordinário para que ela volte ao seu curso e retome o seu livre fluxo.

Cada um de nós, provavelmente, pode identificar quais os redemoinhos que existem no rio. Sim, são os nossos sistemas de crenças, aquilo que nos foi inculcado, a nossa imagem, os nossos medos, as nossas fronteiras, os nossos julgamentos e preconceitos, a nossa resistência às mudanças e a nossa mente domesticada, que reluta em seguir o fluxo do rio devido às ordens que recebe do mundo exterior. Quando nossa mente se vê diante da mudança, sua ação se limita a definir firmemente as fronteiras, o modo como a mudança vai acontecer e os resultados. Isso limita as possibilidades e nos mantém presos nos nossos redemoinhos.

Os segmentos do mundo exterior que não estão em sincronia com o nosso eu interior pedem-nos que nos unamos a eles, que sigamos as suas regras, atraindo-nos, assim, para os redemoinhos. Isso começa na infância. Os pais dão aos filhos aquilo que os faz sentir-se bem. À medida que desenvolve e começa a partilhar o dom do eu interior, às vezes a criança segue a escolha feita pelos pais. Quando entramos na escola, os professores e os colegas continuam a nos dirigir para escolhas exteriores, deixando-nos às vezes presos em redemoinhos. Quando adultos, nosso patrão é que determina o comportamento que devemos ter para existir no mundo exterior. Durante todos esses anos de experiência, cada influência tenta nos levar para um consenso particular com relação ao comportamento exterior. Todos proclamam saber o que é melhor para nós, afastando-nos assim do livre fluxo do nosso rio. Faltam-nos a instrução e o estímulo necessários para permanecermos nesse fluxo desobstruído. É essa aprendizagem exterior, projetada por outras pessoas, que determina o nosso comportamento e as nossas idéias de sucesso e de fracasso e, às vezes, nos lança em outro redemoinho.

Como sair dos nossos redemoinhos para recuperar o livre fluxo do nosso rio? Isso pode ser muito difícil, dada a enorme predominância do mundo exterior e da sua domesticação. O mundo exterior exige conformidade, ao mesmo tempo que suprime as oportunidades de dar assistência ao exame interior e à capacitação para a descoberta de cada qual por si mesmo, não só a um nível aceitável de bem-estar como do papel com que vamos contribuir para o progresso do mundo. *Para voltarmos ao fluxo desobstruído do nosso rio, devemos aceitar o início da mudança interiormente deixando que as respostas se apresentem sem expectativas premeditadas.* Sugerimos um comportamento pessoalmente determinado e motivado como meio de retorno ao nosso fluxo desobstruído, em vez de sermos forçados a isso por um acontecimento dramático exterior –, por exemplo, ter de mudar um hábito pernicioso ou aprender com uma doença que ameace a vida, com o divórcio ou com a morte de um ente querido.

Nossas experiências nos ensinaram a nos desapegarmos das nossas fronteiras, limitações, julgamentos e preconceitos e a ultrapassar os nossos medos e as imagens exteriores. Aprendemos a ser centrados, a receber a vida tal como ela se apresenta, a tomar nossas decisões interiormente e a manifestá-las com as nossas habilidades exteriores. Assim, adquirimos confiança no nosso eu interior e nos entregamos à sua orientação.

ESTE É O NOSSO CHAMADO PARA O DESPERTAR!

Para sermos o eu interior, esse rio de fluxo livre, desobstruído, o eu exterior precisa ser posto de lado e dar tempo para a nossa jornada interior. De modo geral, não existem mapas para essa jornada. Cada um de nós cria o seu próprio mapa. Quando saímos dos nossos redemoinhos e voltamos ao nosso fluxo, descobrimos o nosso objetivo, os nossos potenciais e o fato de que formamos um só ser com o rio da unicidade. *Quando o eu interior flui e o eu exterior age a fim de manifestar, estamos vivos e vivendo tudo o que podemos ser.*

EXEMPLO (ALIX e RONALD). No Passo 9, concordamos em mudar e deixamos que a mudança acontecesse. No Passo 10, abrimos nossas fronteiras. No Passo 11, enfrentamos o desafio de sair dos nossos redemoinhos e voltar ao fluxo desobstruído do nosso rio. Nossos eus interiores nos fizeram deixar Luxemburgo e a Califórnia e ir para o Novo México. O eu interior dirigiu essas escolhas (esse fluxo). Fomos capazes de nos libertar dos segmentos do mundo exterior que controlavam as nossas experiências. Não houve dúvidas. Nossa mente estava em sincronia com o eu interior e nos levou a agir da maneira apropriada. Confiamos em algo maior, no nosso eu interior, no fluxo universal e nos rendemos a eles.

Depois de nos unirmos, reconhecemos que os nossos eus interiores nos tinham guiado para que nos encontrássemos, e essa foi a razão pela qual tínhamos ido para o Novo México. Todas as outras razões que tínhamos aceitado ao longo do caminho tinham sido uma parte necessária desse caminho que levou à nossa união. Havíamos abandonado nossos redemoinhos e entrado no nosso fluxo. Nossa união ocorreu no momento apropriado e continuamos a percorrer a senda da nossa vida.

"Sempre Juntos!"

Mensagem Final

Agora que já fez a leitura dos onze passos, você compreendeu que o caminho para alcançar o vértice do triângulo – O SEU RELACIONAMENTO PERFEITO – passa pelo estabelecimento de uma relação bastante íntima com o eu interior.

Enquanto realizávamos esse processo de onze passos, podemos ter passado por períodos nos quais as decisões do eu interior estavam em desacordo com a presença do eu exterior no mundo. É importante não se deixar abater nesses pontos da jornada, pontos como aqueles em que as pessoas que conhecemos encaram as nossas mudanças com uma grande variedade de reações. Algumas podem tentar fazer de tudo para nos manter no ponto em que estamos. Outras podem rejeitar-nos e se afastar de nós, devagar ou imediatamente. Há os que podem ficar fascinados com o "novo nós". Outras podem expressar o desejo de aprender conosco, enquanto outras passam a observar com toda a atenção o nosso novo comportamento. Temos de aceitar tudo isso com amor e sem julgamentos, quaisquer que possam ser as reações dessas pessoas, respeitando-as, seja qual for o grau de percepção que tenham. O segredo é manter-se concentrado em seu próprio processo e ser grato aos outros, inspirando-os, por meio das nossas maneiras afetuosas e de aceitação.

Lembre-se de que o julgamento (de nós mesmos e dos outros) não é parte desse processo. Ele provoca o oposto exato daquilo que estamos tentando alcançar. Ele causa separação, enquanto o cerne de um relacionamento perfeito é justamente a unicidade. Ao longo dos onze passos, abordamos a domesticação da mente, a imagem exterior, as mensagens do mundo exterior, bem como o condicionamento inculcado pelos pais, pelos amigos, pelos professores e assim por diante. Não se pretendia com isso fazer nenhum julgamento, mas simplesmente reconhecer a sua existência a fim de promover a consciência das muitas e valiosas lições que o mundo exterior nos dá. O mundo exterior é a realidade que todos nós criamos. O nosso eu interior está dentro de nós o tempo todo e espera que voltemos "para casa". Aproveitemos essa oportunidade e voltemos "para casa" a fim de nos tornarmos um só ser com nós mesmos.

Temos de saber e aceitar que as peças do enigma da nossa vida pertencem a muitas pessoas diferentes. Em contrapartida, somos uma peça no enigma delas. À medida que aumentamos a consciência de quem somos e vamos criando cada vez mais mudanças para entrar em sincronia com o nosso eu interior, as mudanças que são feitas sem o consentimento dos outros, o modo como se apresenta o nosso enigma vão mudar naturalmente. Algumas peças do enigma deixarão de se encaixar, como ocorre, por exemplo, com as pessoas que encaram a vida e o nosso processo de maneira negativa, que não nos apóiam durante o nosso desenvolvimento ou que só tentam desestimular-nos. Novas peças – por exemplo, pessoas do mesmo "comprimento de onda" que nos apóiam no nosso caminho, e, quando estivermos preparados e prontos, um PARCEIRO PERFEITO – serão atraídas para preencher os espaços vazios do nosso enigma. Devemos lembrar-nos de que é importante desapegar-se do "antigo" para atrair o "novo" e criar espaço para ele. A peça que éramos no enigma de alguma outra pessoa pode já não se enquadrar nele, levando-nos a partir.

SIM, esse processo é um desafio; ele não é um passeio, exigindo, em vez disso, um esforço e um compromisso absolutos.

Antes de você começar a experimentar e a viver o processo de onze passos, desejamos enfatizar que *é extremamente importante deixar de lado o resultado*. Lembre-se do símile da "bolha irisada" que usamos na introdução. Queremos sinceramente dizer: você precisa colocar o *SEU* relacionamento perfeito nessa linda bolha imaginária, irisada, e liberá-la para que ela voe livremente e se integre no fluxo universal, sabendo que ela voltará quando você estiver pronto. A chave é fruir o processo, a jornada, e sempre saber que, embora haja muitos desafios a enfrentar, e mesmo que esse seja um curso de mudanças que vai requerer toda a nossa determinação e esforço, as recompensas podem estar além de tudo o que possamos imaginar.

Nessa jornada interior, você pode passar por uma multiplicidade de excelentes novas experiências que o estimulam a continuar. Essa é uma jornada de volta "para casa" – para o seu eu interior. À medida que passar a ter a vivência dessa percepção, você saberá que é capaz de criar o SEU RELACIONAMENTO PERFEITO e que essa jornada "para casa" terá feito uma diferença na sua vida, na vida de outras pessoas e no mundo.

Que os votos do nosso relacionamento perfeito sejam de inspiração para você:

Nós, Alix e Ronald, reconhecemos:

♥ os nossos vínculos divinos infinitos.

♥ o nosso eu interior como puros canais.

♥ nossas essências como estando aqui para vencer as limitações do nosso eu exterior e do mundo exterior.

Nós, Alix e Ronald:

♥ damos um ao outro permissão para sermos quem somos interiormente e para deixar que se manifeste em seu livre fluxo a dança dos nossos seres.

♥ amamos nossos corpos incondicionalmente e usamo-los para manifestar o nosso eu interior no mundo exterior.

♥ desviamos nossa atenção do nosso eu exterior e a concentramos no nosso eu interior, onde habitam a paz, o júbilo e os prodígios.

♥ empenhamo-nos em sair da ilusão da separatividade para a unicidade.

♥ abrimos nossas fronteiras e passamos a integrar o fluxo universal.

♥ buscamos indicação, e não explicação, sem depender de palavras e letras.

Nós, Alix e Ronald, optamos por:

- ♥ *reconhecer a unicidade que nos une a todos.*

- ♥ *viver em harmonia com a Terra e com toda a Criação.*

- ♥ *expandir e levantar nossas freqüências.*

- ♥ *viver sempre em amor incondicional.*

- ♥ *dar tudo a tudo.*

- ♥ *ajudar as pessoas a compreender que elas podem decidir suas mudanças.*

- ♥ *realizar um esforço sincronístico de desenvolvimento.*

- ♥ *tornar a prática espiritual parte da nossa vida cotidiana.*

- ♥ *viver o momento.*

- ♥ *estar sempre conscientes das infinitas possibilidades que se nos apresentam.*

- ♥ *silenciar nossas mentes e ouvir o nosso eu interior.*

- ♥ *manter nossa união espiritual acima das nossas opções de vida.*

Nós, Alix e Ronald, optamos por passar a vida sempre juntos e pedimos a Deus que, por meio da receptividade e da entrega, nossas mentes trabalhem em sincronia com os nossos espíritos unidos.

SUA ALMA GÊMEA ESTÁ CHAMANDO

Michael

Este sentimento é geral
e não tem uma explicação
racional. Mas você sabe que
em algum lugar, neste exato
momento, alguém muito especial,
sua alma gêmea, espera e chama
por você. E você ouve, não sabe
como, uma mensagem que
na essência diz: "Onde está você?",
"Estou esperando por você",
"Eu quero você!"

EDITORA PENSAMENTO

O ENIGMA DAS ALMAS GÊMEAS

♥

Se você perguntar às pessoas o que elas entendem por companheiro ideal ou alma gêmea, a maioria delas responderá que é a pessoa que as faz sentir-se completas, perfeitamente felizes. Para os que acreditam em reencarnação, esse companheiro ideal será alguém com quem já partilharam outras vidas, quase certamente como amantes.

Mas, embora isso possa ser verdade, depois de vinte anos pesquisando sobre relacionamentos kármicos, Judy Hall, autora deste *O Enigma das Almas Gêmeas*, se sente suficientemente autorizada a afirmar que esse problema não pode ser resolvido de maneira tão simples.

Uma definição melhor para esse companheiro ideal pode ser a de um parceiro de alma que nos ajude a crescer. Esse crescimento pode conter algumas lições muito duras. Na verdade, o companheiro ideal pode ser a pessoa junto à qual atravessamos o inferno – não como um castigo, mas como um processo de aprendizado

Usando um grande número de exemplos extraídos do seu trabalho como astróloga e de suas próprias regressões a vidas passadas, Judy Hall analisa neste seu novo livro diferentes facetas da experiência com esses companheiros ideais, analisando inclusive temas relacionados com o amor kármico, os triângulos amorosos, **as almas gêmeas** e advertindo: O companheiro ideal nem sempre é quem você espera.

EDITORA PENSAMENTO

AMARIDIANOS
Caminhos Energéticos do Amor

Demian zur Strassen

Relacionamentos amorosos são uma dádiva que nos beneficia duplamente: por um lado, eles criam uma situação especial na qual podemos encontrar felicidade e satisfação; por outro lado, são uma excelente escola de autodesenvolvimento. Ninguém se aproxima tanto de nós quanto o nosso parceiro – ninguém desperta em nós sentimentos tão profundos.

Qual é o segredo? É viver em sintonia com os seis amaridianos – caminhos energéticos comparáveis ao sistema dos chakras – pelos quais flui o amor entre duas pessoas.

Este livro mostra como é possível livrar-se da confusão emocional em épocas de crise e como desenvolver uma nova força e resistência interior. Sua leitura é recomendada especialmente para casais que querem manter e preservar um relacionamento feliz e para todos os que sonham com um relacionamento bem-sucedido.

EDITORA PENSAMENTO